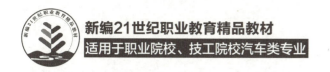

新编21世纪职业教育精品教材

适用于职业院校、技工院校汽车类专业

U0461993

汽车机械基础

（微课版）

主　编◎甘飘迎　　陈伟杰

副主编◎陈　田　　李闻博　　钟超信

参　编◎罗茵华　　詹小妃　　黄海玲

　　　　邢东东　　李梓健

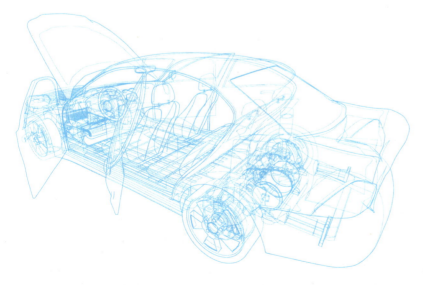

中国人民大学出版社

·北京·

图书在版编目（CIP）数据

汽车机械基础：微课版 / 甘飘迎，陈伟杰主编.
北京：中国人民大学出版社，2024. 12. --（新编 21 世纪职业教育精品教材）. -- ISBN 978-7-300-33461-5

Ⅰ. U463

中国国家版本馆 CIP 数据核字第 2024QC5769 号

新编 21 世纪职业教育精品教材

适用于职业院校、技工院校汽车类专业

汽车机械基础（微课版）

主　编　甘飘迎　陈伟杰

副主编　陈　田　李闻博　钟超信

参　编　罗茵华　詹小妃　黄海玲

　　　　邢东东　李梓健

Qiche Jixie Jichu（Weikeban）

出版发行	中国人民大学出版社		
社　　址	北京中关村大街 31 号	**邮政编码**	100080
电　　话	010 - 62511242（总编室）		010 - 62511770（质管部）
	010 - 82501766（邮购部）		010 - 62514148（门市部）
	010 - 62515195（发行公司）		010 - 62515275（盗版举报）
网　　址	http://www.crup.com.cn		
经　　销	新华书店		
印　　刷	涿州市星河印刷有限公司		
开　　本	787 mm×1092 mm　1/16	**版　　次**	2024 年 12 月第 1 版
印　　张	14.25	**印　　次**	2024 年 12 月第 1 次印刷
字　　数	329 000	**定　　价**	49.00 元

版权所有　侵权必究　　印装差错　负责调换

随着科技的不断进步和人们生活水平的提高，汽车已经成为现代社会不可或缺的交通工具。有关数据显示，我国 2023 年全国汽车保有量已达 3.36 亿辆。近年来，新能源汽车以前所未有的速度渗透市场。我国《新能源汽车产业发展规划（2021—2035 年）》明确指出，发展新能源汽车是我国从汽车大国迈向汽车强国的必由之路。汽车专业的学生必须掌握汽车机械基础方面的相关知识和基本技能。为此，我们以中共中央办公厅、国务院办公厅印发的《关于推动现代职业教育高质量发展的意见》为指导，根据党的二十大精神，遵循教材建设规律、职业教育教学规律、学生成长规律，紧扣产业发展，编写了本书。

本书简要介绍了汽车机械识图、公差配合与技术测量、汽车常用材料、汽车常用机构、汽车常用机械传动、汽车支承零部件、汽车常用连接及汽车液压传动与气压传动等方面的知识和基本技能。

本书主要特色如下：

1. 图文并茂，实用性强，具有职教特色

本书采用图文结合的方式讲解，同时在每章均设有"学习目标""课程导入""知识储备""实践出真知""检测评价""拓展提升""同步练习"等模块，激发学生学习兴趣，引导学生积极参与课堂教学，并合理评价学习效果。

2. 与时俱进，紧扣产业发展，融入新技术

本书紧扣产业发展，融入了汽车机械方面的新知识、新技术，让学生了解汽车的最新发展趋势。

3. 配套资源丰富

本书配有电子教案、电子课件和相关教学视频等，配套资源丰富，便于实施教学。

本书由甘飘迎、陈伟杰担任主编，由陈田、李闻博、钟超信担任副主编，罗茵华、詹小妃、黄海玲、邢东东和李梓健参与编写。全书由陈伟杰统稿。

在本书的编写过程中，编者查阅了大量的书籍、文献和资料，引用了一些网上资源，在此特向相关作者表示衷心的感谢。

由于新能源汽车技术的飞速发展，同时，编者水平有限，书中难免有错误和疏漏之处，敬请广大专家和读者批评指正！

编者

序号	名称	二维码	页码	序号	名称	二维码	页码
1	三视图的形成		6	7	平面四杆机构		80
2	零件图的内容		20	8	凸轮机构在汽车上的应用		87
3	游标卡尺的使用方法		38	9	摩擦带传动		101
4	外径千分尺的使用方法		39	10	链传动		105
5	铜及其合金在汽车上的应用		52	11	齿轮传动的作用		109
6	新能源汽车电池材料		63	12	蜗杆传动机构		122

续表

序号	名称	二维码	页码	序号	名称	二维码	页码
13	传力螺旋传动		133	18	弹簧的类型		179
14	汽车上常见的轴类零件		151	19	制动器		183
15	汽车上的滑动轴承		154	20	液压千斤顶		188
16	滚动轴承的代号		160	21	空气压缩机		201
17	花键连接		171				

绪　论

汽车作为现代社会的重要交通工具，其机械部件的运行状态直接关系到汽车的性能、寿命和安全性。而机械基础作为汽车设计与维修的重要基础，对于理解汽车机械原理、分析机械故障以及提高汽车维修技能具有关键作用。"汽车机械基础"课程以汽车机械为研究对象，学习汽车机械识图、公差配合与技术测量、汽车常用材料、汽车常用机构、汽车常用机械传动、汽车支承零部件、汽车常用连接、汽车液压传动与气压传动等汽车机械基本知识和技能。

一、汽车机械认知

（一）机器

机器是指能够将能量转换为有用功的装置。它是由多个相互作用的零部件组成的系统，通过能量的输入和转换，实现特定的功能。在汽车中，发动机（见图1）、变速器和传动系统等都是机器的例子。

机器的组成包括动能源（如燃油、电能等）、动力转换装置（如发动机、电动机等）、传动装置（如齿轮、皮带等）和工作装置（如轮胎、悬挂系统等）。

（二）机构

机构是由多个连接在一起的零件组成的系统，通过相对运动实现特定功能。机构是机器的核心部分，它起到了传递动力、转换运动形式和分配能量的作用。

图1　汽车发动机

在汽车中，曲柄连杆机构（见图2）将发动机的往复运动转换成旋转运动，实现发动机的动力输出。

机构由连接件（如螺栓、销轴等）、连接标志（如轴、螺纹、键槽等）及工作件（如齿轮、链条等）组成。

（三）机械

机械是各种机器和机构的总称。它是指用于传递、转换和控制能量和运动的装置。在汽车中，机械包括发动机、变速器、传动系统、悬挂系统、制动系统等。机械的组成包括动能源、动力转换装置、传动装置、工作装置及其他附件和控制装置。

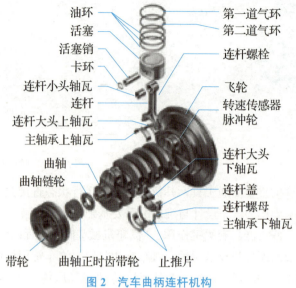

油环　　　　　　　　　第一道气环
活塞　　　　　　　　　第二道气环
活塞销　　　　　　　　连杆螺栓
卡环
连杆小头轴瓦　　　　　飞轮
连杆　　　　　　　　　转速传感器
连杆大头上轴瓦　　　　脉冲轮
主轴承上轴瓦　　　　　连杆大头
曲轴　　　　　　　　　下轴瓦
曲轴链轮　　　　　　　连杆盖
　　　　　　　　　　　连杆螺母
　　　　　　　　　　　主轴承下轴瓦
带轮　　曲轴正时齿带轮　　止推片

图 2　汽车曲柄连杆机构

二、摩擦、磨损、润滑与密封认知

（一）摩擦

摩擦是两个物体发生相对运动时，在接触面上产生阻碍相对运动的现象，它会阻碍物体的运动并产生热量。在汽车机械中，摩擦会导致能量损失和部件的磨损，因此需要合理控制摩擦力，减少能量损耗，降低磨损程度。

（二）磨损

磨损是机械部件在长时间使用中逐渐损耗的现象。汽车机械部件的磨损主要由摩擦、疲劳、腐蚀等因素引起，磨损会导致部件尺寸变化、表面质量下降及性能下降等问题，影响汽车的可靠性和寿命。

（三）润滑

润滑是通过使用润滑剂在机械部件的摩擦面上形成润滑膜，减少摩擦和磨损。润滑剂能够降低摩擦系数、降低摩擦热量、冷却和清洁机械部件，提高机械部件的寿命和效率。

（四）密封

在汽车机械中，密封是保证润滑、冷却和燃烧等系统正常运行的重要因素。良好的密封能够防止润滑油、冷却剂和燃烧气体等泄漏，确保系统的正常运行。

三、"汽车机械基础"的学习要求

"汽车机械基础"是汽车类专业的一门专业基础课，通过学习，我们应该能够识读汽车机械图样，了解汽车常用材料知识，懂得汽车常用机构的组成和工作原理，知道汽车常用机械传动的类型与特点，懂得汽车常用支承零部件的维护，了解汽车常用连接的原理，了解汽车液压传动与气压传动的原理与特点，从而掌握汽车机械基础常用知识和技能，为后续课程的学习打下坚实的基础。

第一章

汽车机械识图

学习目标

知识目标：1. 掌握正投影的投影图及投影规律。
　　　　　2. 了解零部件的常用表达方法。
　　　　　3. 掌握零部件图的基本内容。
　　　　　4. 掌握装配图的基本内容。

能力目标：1. 能正确识读零件图。
　　　　　2. 能正确识读装配图。

素养目标：1. 培养良好的分析问题和解决问题的能力。
　　　　　2. 培养沟通能力及团队协作精神。
　　　　　3. 培养精益、专注的工匠精神。

建议学时

8个学时。

课程导入

　　汽车机械识图是汽车类专业学生必须掌握的基本知识和技能，是学好后续专业课程的前提。在本章中，我们将学习三视图的形成及对应关系、点线面的投影规律等汽车机械识图基础知识，以及零件的表达方法和识读、装配图的识读等知识。

知识储备

第一节　汽车机械识图基础

　　正投影图能够准确表达物体的形状，正投影法的基本原理是汽车机械图样识读的理论基础。

一、投影的基本知识

（一）投影法概述

在日常生活中，我们会遇到这样的现象，太阳光照射物体时，在平面上会产生影子，影子在某些方面能够反映出物体的形状特征，这就是常见的投影现象。人们对这种自然现象进行抽象研究，总结其中的规律，逐步形成了投影法的概念。

投影线通过物体，向选定的面投射，并在该面上得到图形的方法，称为投影法。选定的面称为投影面，所得到的图形称为投影。

（二）投影法的分类

根据投影线是否平行，投影法分为中心投影法和平行投影法。

1. 中心投影法

投影线汇交于投射中心的投影方法称为中心投影法，如图 1-1-1 所示。用中心投影法得到的投影，其大小随物体与投影中心或投影面距离的远近而变化，具有较强的立体感，主要应用于建筑物的透视图。

图 1-1-1　中心投影法

2. 平行投影法

投影线互相平行的投影方法称为平行投影法。

按投影线与投影面倾斜或垂直，平行投影法又分为斜投影法和正投影法。

斜投影法是指投影线与投影面倾斜的平行投影法，如图 1-1-2（a）所示。

正投影法是指投影线与投影面垂直的平行投影法，如图 1-1-2（b）所示。

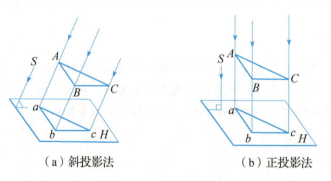

（a）斜投影法　　　　　　　　（b）正投影法

图 1-1-2　平行投影法

（三）正投影的基本性质

1. 真实性

当直线或平面平行于投影面时，直线的投影反映实长，平面的投影反映实形，这种投影特性称为真实性，如图 1-1-3（a）所示。

2. 积聚性

当直线或平面垂直于投影面时，直线的投影积聚成点，平面的投影积聚成一直线，这种投影特性称为积聚性，如图 1-1-3（b）所示。

3. 类似性

当直线或平面倾斜于投影面时，直线的投影仍为直线，但小于实长，平面的投影是其原图形的类似形（类似形是指两图形相应线段保持定比关系，即边数、平行关系、凹凸关系不变），这种投影特性称为类似性，如图 1-1-3（c）所示。

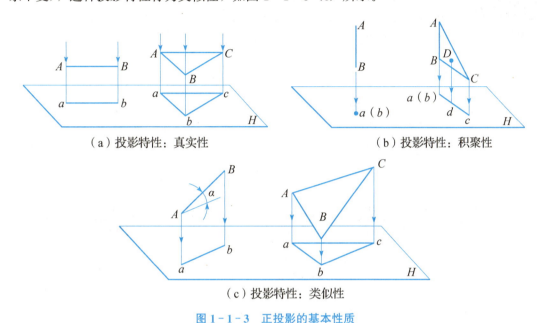

（a）投影特性：真实性　　　　　（b）投影特性：积聚性

（c）投影特性：类似性

图 1-1-3　正投影的基本性质

二、三视图的形成及对应关系

（一）三投影面体系

空间物体具有长、宽、高三个方向的形状，一般情况下，用一个方向的投影难以完整地表达出物体的空间形状。要反映物体的完整形状，必须增加不同投射方向得到的投影图，互相补充，才能将物体清晰地表达出来。工程上一般采用三投影面体系来表达物体的形状。

三投影面体系由三个互相垂直的投影面所组成，相交轴用 X、Y、Z 表示，原点为 O，如图 1-1-4 所示。三个投影面分别为正投影面（用 V 表示）、水平投影面（用 H 表示）和侧投影面（用 W 表示）。

（二）三视图的形成

将物体放在三投影面体系中，按正投影法向各投影面投射，分别得到正面投影、水平投影和

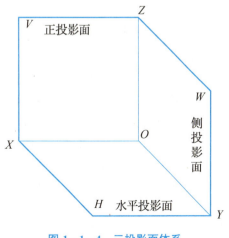

图 1-1-4　三投影面体系

侧面投影，如图1-1-5（a）所示。

正面投影（由前向后投射，在正面上得到的视图）称为主视图。

水平投影（由上向下投射，在水平面上得到的视图）称为俯视图。

侧面投影（从左往右投射，在侧面上得到的视图）称为左视图。

将左视图、俯视图分别绕 Z 轴、X 轴旋转90°展开，如1-1-5（b）所示，使左视图、俯视图与主视图处在同一平面上，得到如1-1-5（c）所示的三视图。

三视图的形成

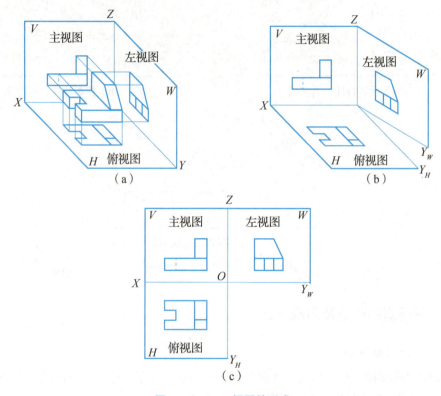

图1-1-5 三视图的形成

（三）三视图的对应关系

1. 投影对应关系

主视图在上，俯视图在主视图正下方，左视图在主视图正右方。

主视图、俯视图反映了物体同样的长度，主视图、左视图反映了物体同样的高度，俯视图、左视图反映了物体同样的宽度，三视图之间的投影对应关系为：主视图、俯视图长对正；主视图、左视图高平齐；俯视图、左视图宽相等，如图1-1-6所示。

2. 方位对应关系

物体有上、下、左、右、前、后六个方位，主视图反映了物体的上、下、左、右方位；俯视图反映了物体的左、右、前、后方位；左视图反映了物体的上、下、前、后方位，如图1-1-7所示。

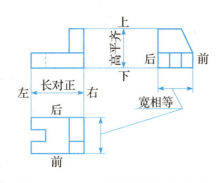

图1-1-6　三视图的投影对应关系

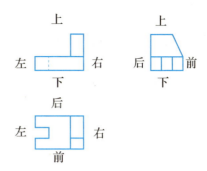

图1-1-7　三视图的方位对应关系

三、点、直线、平面的投影

(一) 点的投影

1. 点的三面投影规律

如图1-1-8所示，过空间点 A 分别向 H、V、W 面投射，得到点的三面投影分别为 a、a'、a''。

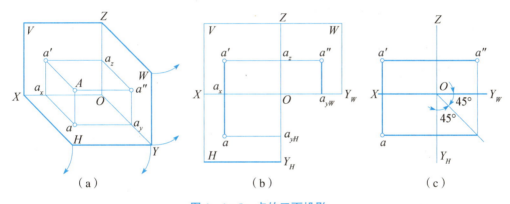

（a）　　　　　　　　　　　（b）　　　　　　　　　　　（c）

图1-1-8　点的三面投影

点的三面投影有以下投影规律：

(1) 点的两面投影连线必垂直于投影轴。

(2) 点的投影到投影轴的距离，等于空间点到对应投影面的距离。

2. 点的三面投影与直角坐标的关系

如图1-1-9所示，点在空间的位置可由点到三个投影面的距离来确定。点的三面投影与点的三个直角坐标值有以下对应关系：

空间点 A 到 W 面的距离，等于点 A 的 x 坐标；

空间点 A 到 V 面的距离，等于点 A 的 y 坐标；

空间点 A 到 H 面的距离，等于点 A 的 z 坐标；

空间点的位置由该点的坐标 $(x，y，z)$ 确定。

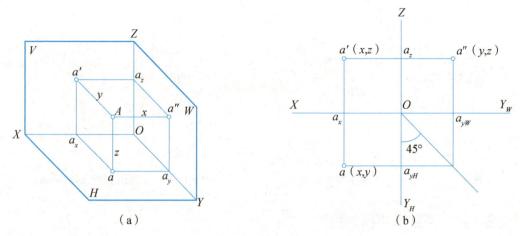

（a）　　　　　　　　　　　（b）

图 1-1-9　点的三面投影与直角坐标的关系

（二）直线的投影

1. 直线的三面投影

两点决定一直线，只要在相同投影面上找到这两点的投影，将两点的同面投影连接起来，即可得到直线在该投影面上的投影。

2. 直线的投影特性

（1）一般位置直线的投影特性。

三个投影均不反映实长；三个投影均倾斜于投影轴，如图 1-1-10 所示。

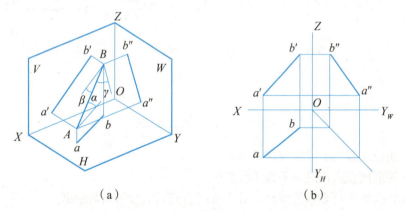

（a）　　　　　　　　　　　（b）

图 1-1-10　一般位置直线的投影特性

（2）投影面平行线的投影特性。

在直线所平行的投影面上，其投影反映实长并倾斜于投影轴；其余两个投影分别平行于相应的投影轴且小于实长，如表 1-1-1 所示。

（3）投影面垂直线的投影特性。

在直线所垂直的投影面上，其投影积聚成一点；另外两个投影分别垂直于相应的投影轴，且反映实长，如表 1-1-2 所示。

表 1-1-1 投影面平行线的投影特性

名称	水平线	正平线	侧平线
直观图			
投影图			

表 1-1-2 投影面垂直线的投影特性

名称	铅垂线	正垂线	侧垂线
直观图			
投影图			

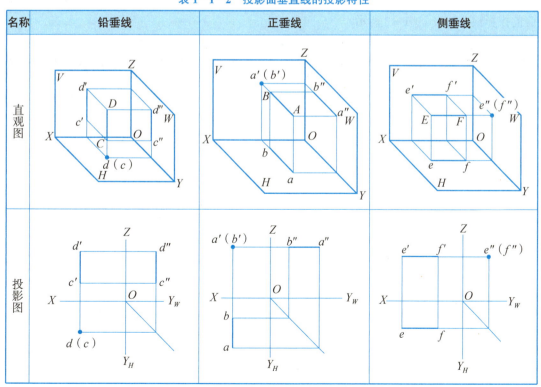

（三）平面的投影

1. 平面的三面投影

平面投影的实质就是求平面形轮廓上一系列点的投影，将各点的同面投影依次连接，就可以得到平面的投影。

2. 平面的投影特性

（1）一般位置平面的投影特性。

三个投影均为该平面的类似形，如图 1－1－11 所示。

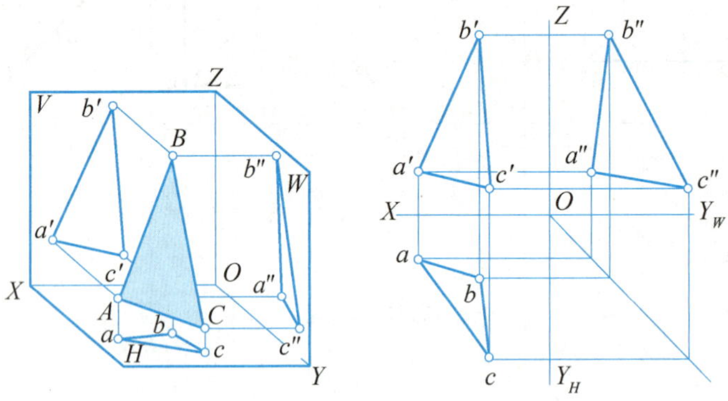

（a）　　（b）

图 1－1－11　一般位置平面的投影特性

（2）投影面平行面的投影特性。

在平面所平行的投影面上，其投影反映实形；其余两个投影积聚成直线且分别平行于相应的投影轴，如表 1－1－3 所示。

表 1－1－3　投影面平行面的投影特性

名称	水平面	正平面	侧平面
直观图	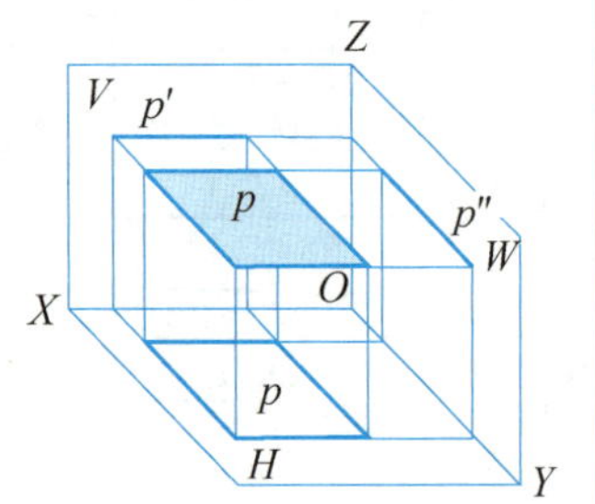	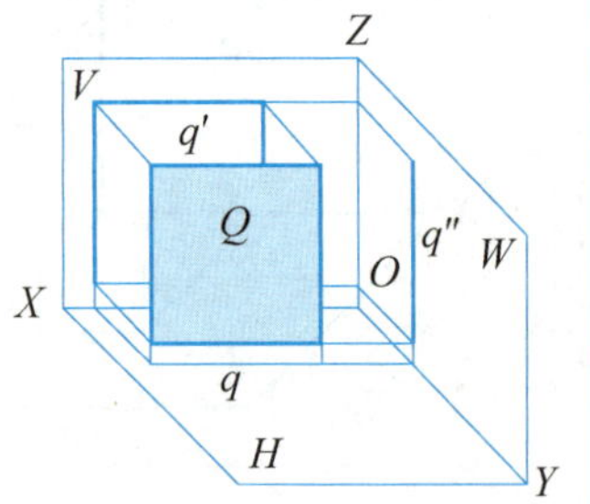	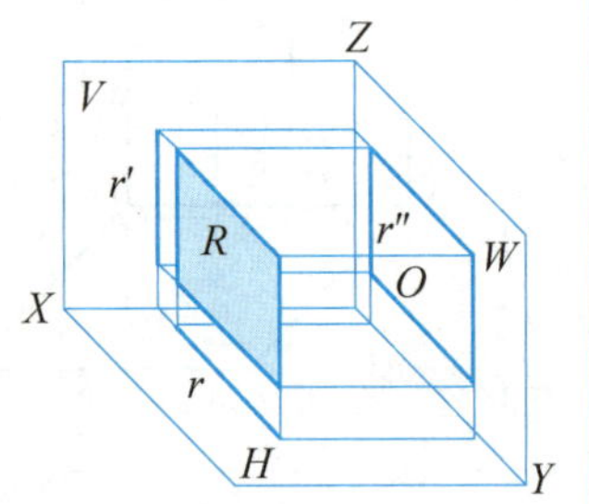
投影图	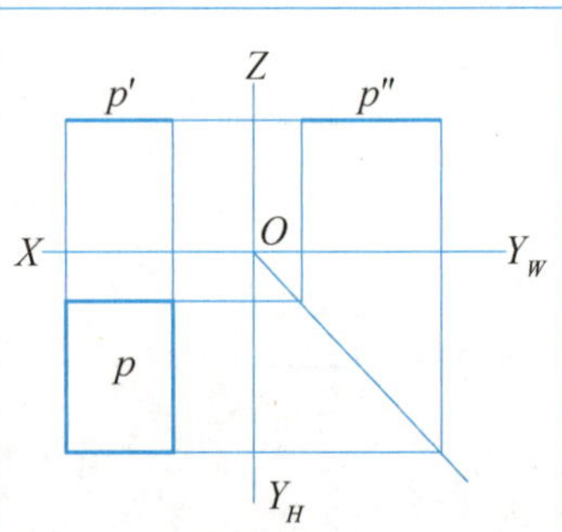	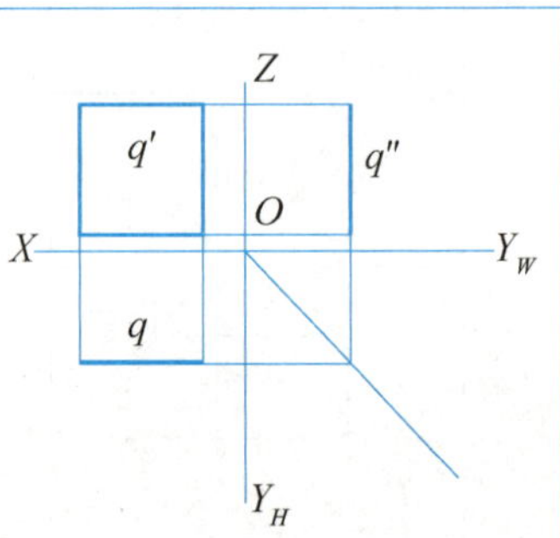	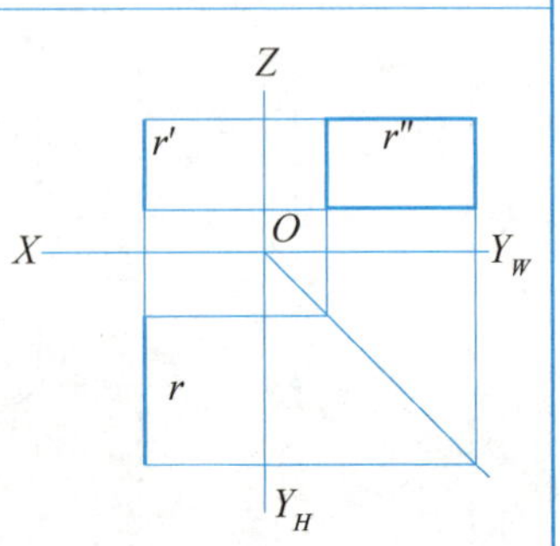

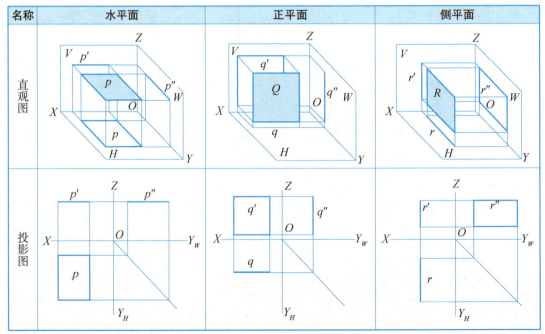

（3）投影面垂直面的投影特性。

在平面所垂直的投影面上，其投影积聚成一倾斜直线；另外两个投影均为缩小的类似形，如表 1-1-4 所示。

表 1-1-4 投影面垂直面的投影特性

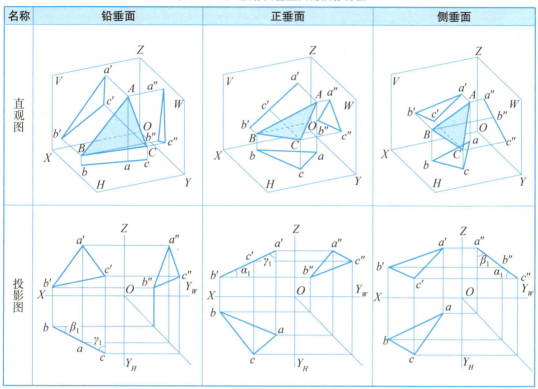

四、基本几何体的投影

基本几何体按照表面性质分为平面体和回转体。表面都是由平面所构成的形体，称为平面体。表面是由回转面或回转面与平面构成的形体，称为回转体。

平面体分为棱柱和棱锥两大类。回转体包括圆柱、圆锥和圆球等形体。

（一）棱柱

1. 棱柱的形体分析

棱柱是由多个平面所组成的平面体。正棱柱的顶面和底面是互相平行的正多边形，棱面均为矩形，且与顶面和底面垂直。

2. 棱柱的投影分析

正六棱柱的三视图如图 1-1-12 所示，其投影特性如下：

（1）俯视图：俯视图是正六边形，是顶面和底面的重合投影，反映实形。

（2）主视图：主视图是三个矩形线框，中间的矩形是前、后棱面的重合投影，反映实形；左、右两个矩形是其余四个棱面的投影，是类似形；上、下两条直线是顶面和底面的积聚性投影。

（3）左视图：左视图为两相同的矩形线框，是左、右四个棱面的重合投影，是类似形；上、下两条直线是顶面和底面的积聚性投影。

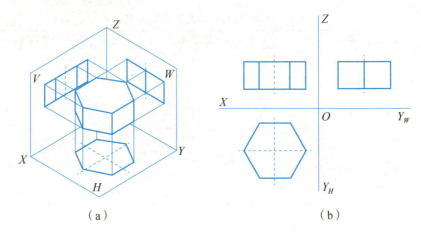

（a）　　　　　　　　　　　（b）

图 1-1-12　正六棱柱的三视图

（二）棱锥

1. 棱锥的形体分析

棱锥的各条侧棱线交汇于顶点，棱面为三角形，底面为多边形。正棱锥的底面为正多边形，各棱面为全等的等腰三角形。

2. 棱锥的投影分析

正四棱锥的三视图如图 1-1-13 所示，其投影特性如下：

（1）俯视图：俯视图中正四边形是底面的投影，反映实形；对角线的交点是锥顶点的投影；四个三角形是四个棱面的投影，是类似形。

（2）主视图：主视图是一个等腰三角形线框，是前、后棱面的重合投影，是类似形。

（3）左视图：左视图是一个等腰三角形线框，是左、右棱面的重合投影，是类似形。

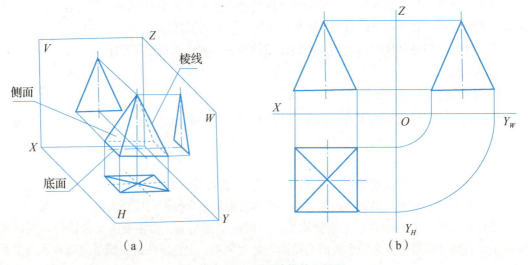

（a）　　　　　　　　　　　（b）

图 1-1-13　正四棱锥的三视图

（三）圆柱

1. 圆柱的形体分析

圆柱由上、下底面和圆柱面组成。圆柱面是由一条直母线围绕与其平行的轴线回转而成。

2. 圆柱的投影分析

圆柱的三视图如图1-1-14所示，其投影特性如下：

（1）俯视图：俯视图是一个圆，是圆柱面的积聚性投影，也是上、下底面的重合投影，反映实形。

（2）主视图：主视图是一个矩形线框，是圆柱面的投影，两条竖线是圆柱面上最左、最右素线的投影，也是圆柱面前、后分界的转向轮廓线；上、下两条直线是顶面和底面的积聚性投影。

（3）左视图：左视图是一个矩形线框，是圆柱面的投影，两条竖线是圆柱面上最前、最后素线的投影，也是圆柱面左、右分界的转向轮廓线；上、下两条直线是顶面和底面的积聚性投影。

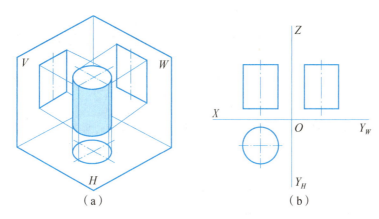

图1-1-14　圆柱的三视图

（四）圆锥

1. 圆锥的形体分析

圆锥由圆锥面和底面组成。圆锥面可以看作由一条直母线绕着与它斜交的轴线回转而成。

2. 圆锥的投影分析

圆锥的三视图如图1-1-15所示，其投影特性如下：

（1）俯视图：俯视图是一个圆，是底面的投影，反映实形，同时也是圆锥面的投影。

（2）主视图：主视图是一个等腰三角形，是圆锥面的投影，三角形的两腰是圆锥面上最左、最右素线的投影，也是圆锥面前、后分界的转向轮廓线；下面那条直线是底面的积聚性投影。

（3）左视图：左视图是一个等腰三角形，是圆锥面的投影，三角形的两腰是圆锥面上最前、最后素线的投影，也是圆锥面左、右分界的转向轮廓线；下面那条直线是底面的积聚性投影。

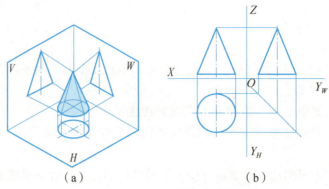

图 1-1-15　圆锥的三视图

（五）圆球

1. 圆球的形体分析

圆球可以看作由一个圆母线绕着其直径回转而成。

2. 圆球的投影分析

圆球的三视图如图 1-1-16 所示，其投影特性如下：

（1）俯视图：俯视图是一个圆，是水平转向素线的投影，也是上、下半球可见与不可见的分界圆的投影。

（2）主视图：主视图是一个圆，是正向转向素线的投影，也是前、后半球可见与不可见的分界圆的投影。

（3）左视图：左视图是一个圆，是左视转向素线的投影，也是左、右半球可见与不可见的分界圆的投影。

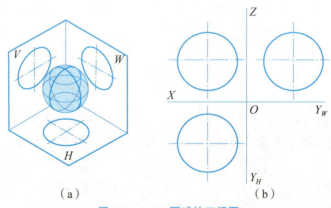

图 1-1-16　圆球的三视图

第二节　零件图识读

表示单个零件的图形，称为零件图。零件图是制造零件和检验零件的依据，不同形状、结构和加工要求的零件具有不同的表达方式。

一、零件的常用表达方法

(一) 视图

利用正投影法绘制的物体的图形称为视图，主要用于表达零件的外部结构形状，可以分为基本视图、向视图、局部视图和斜视图四种。

1. 基本视图

将零件向基本投影面投射所得到的视图称为基本视图，包括主视图、俯视图、左视图、右视图、仰视图和后视图，如图 1-2-1 所示。

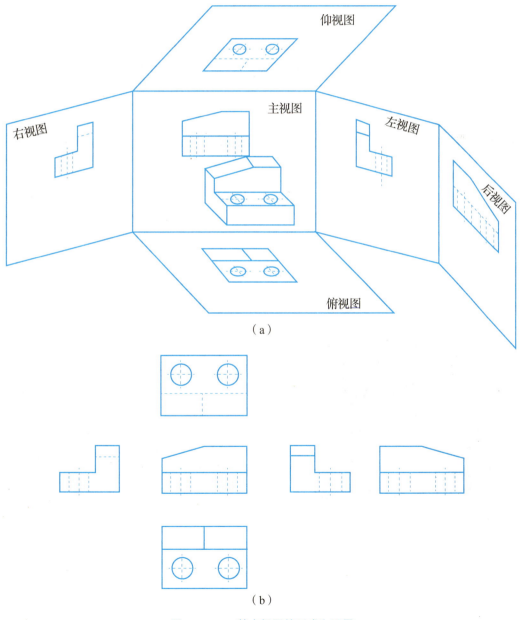

（a）

（b）

图 1-2-1　基本视图的形成和配置

实际绘图时，可根据零件的复杂程度和表达需要，选用其中的几个基本视图。

2. 向视图

向视图是移位配置的基本视图，当某视图不能按投影关系配置时，可按向视图绘制，如图1-2-2所示。

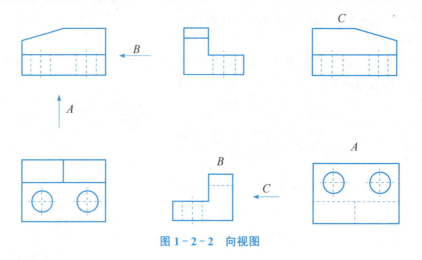

图1-2-2 向视图

3. 局部视图

局部视图是将零件的某一部分向基本投影面投射所得到的视图，局部视图断裂处的边界用波浪线（或双折线）表示，如被表达部分结构完整，外形轮廓线成封闭形，可省略，如图1-2-3所示。

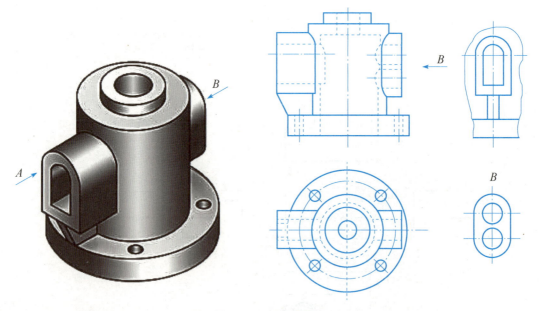

图1-2-3 局部视图

4. 斜视图

斜视图是物体向不平行于基本投影面的平面投射所得到的视图，如图1-2-4所示。当采用基本视图无法反映零件结构的真实形状时，可采用斜视图来表达。

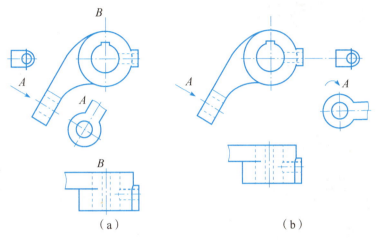

图1-2-4 斜视图

(二) 剖视图

当零件的内部结构比较复杂时，假想用剖切面剖开零件，将处在观察者与剖切面之间的部分移去，将剩余部分向投影面投射，所得到的图形称为剖视图。

根据零件被剖开的范围，剖视图分为全剖视图、半剖视图和局部剖视图三类。

1. 全剖视图

全剖视图是用剖切面完全剖开零件所得的剖视图，如图1-2-5所示。

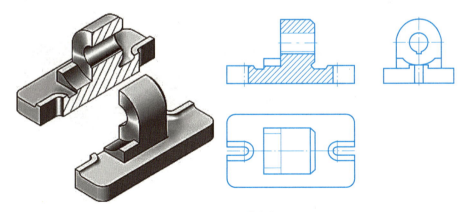

图1-2-5 全剖视图

2. 半剖视图

当零件具有对称平面时，向垂直于对称平面的投影面上投射所得的图形，可以对称中心线为界，一半画成剖视图，另一半画成视图，这种剖视图称为半剖视图，如图1-2-6所示。

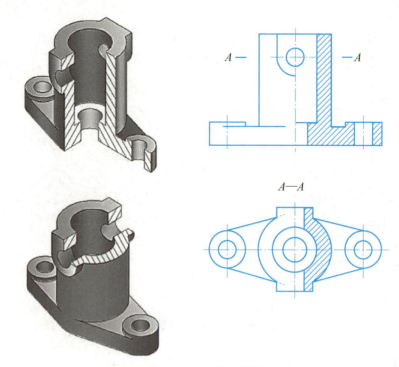

图 1-2-6　半剖视图

3. 局部剖视图

局部剖视图是用剖切面局部地剖切零件所得到的剖视图，适用于表达零件局部的内部形状，如图 1-2-7 所示。

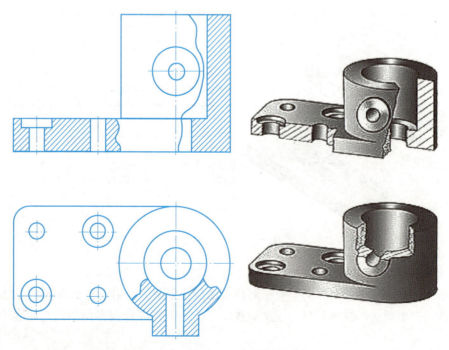

图 1-2-7　局部剖视图

（三）断面图

假想用剖切面将零件的某处切断，仅画出剖切面与零件接触部分的图形称为断面图，如图1-2-8所示。断面图只画出零件被剖切处的断面形状，而剖视图不仅要画出断面形状，还要画出断面后的可见部分的投影。

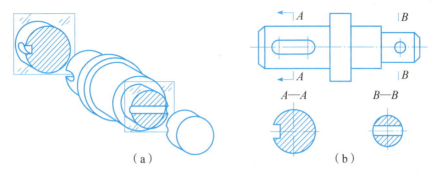

（a）　　　　　（b）

图1-2-8　断面图

二、零件图的内容

零件图表示零件的结构形状、大小和有关技术要求，是加工和制造零件的依据，必须包含制造与检验零件的全部技术资料。图1-2-9是一张齿轮轴零件图。

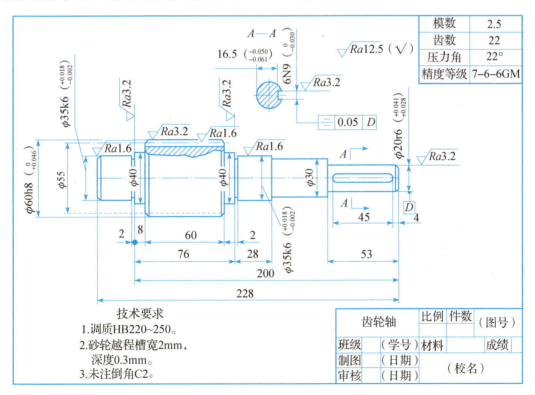

模数	2.5
齿数	22
压力角	22°
精度等级	7-6-6GM

技术要求
1.调质HB220~250。
2.砂轮越程槽宽2mm，深度0.3mm。
3.未注倒角C2。

齿轮轴	比例	件数	（图号）
班级	（学号）	材料	成绩
制图	（日期）	（校名）	
审核	（日期）		

图1-2-9　齿轮轴零件图

一张完整的零件图应包括以下基本内容。

零件图的内容

（一）一组图形

零件图通常会选用一组视图、剖视图、断面图等图形，将零件的结构与形状正确、完整、清晰地表达出来。

（二）完整尺寸

零件图必须正确、完整、清晰、合理地标注零件在制造和检验时所需要的全部尺寸。

（三）技术要求

零件图用规定的符号、代号、标记和文字说明等简明、准确地给出零件制造与检验时应达到的各项技术指标和要求，如尺寸公差、形状公差、位置公差、表面粗糙度和热处理等。

（四）标题栏

零件图标题栏位于图样的右下角，用于填写零件的名称、材料、数量、图号、比例及制图、审核人员的签名、日期等。

三、零件图的识读

（一）读标题栏

通过读零件图的标题栏，大概了解零件的名称、材料、数量等基本情况。

（二）表达分析

通过识读主视图，了解零件主要形体的结构、形状特征，以及零件的工作位置。再通过识读其他视图，了解每个视图所表达的主视图未能表达清楚的零件结构和形状特征。

（三）尺寸分析

分析零件图的尺寸标注，找出长、宽、高三个方向的尺寸基准。找出零件的定形尺寸、定位尺寸和总体尺寸等。

（四）技术要求分析

通过识读零件图，了解零件在尺寸公差、形状公差、位置公差、表面粗糙度和热处理等方面的各项技术指标和要求。

（五）归纳总结

综合前面的分析，把图形、尺寸和技术要求等全面联系起来思考，得出零件的整体结构、尺寸大小、技术要求等完整的概念。

第三节　装配图识读

装配图是用来表达机器或部件的图样，表示机器中某个部件（组件）的装配图为部件装配图，表示一台完整机器的图样称为总装配图。

装配图主要表达机器或部件的工作原理、装配关系、结构形状和技术要求，主要用于机器或部件的装配、检验、调试、安装和维修等，是汽车生产、安装与维修过程中的重要技术文件。

一、装配图的内容

图 1-3-1 是一张活塞连杆总成装配图。

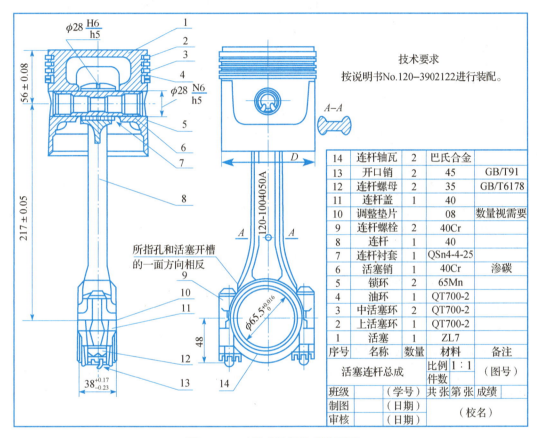

图 1-3-1　活塞连杆总成装配图

一张完整的装配图应包括以下基本内容。

（一）一组图形

装配图通过采用一组图形和各种表达方法（视图、剖视图、断面图等），将装配体的工作原理、零件的装配关系、零件的连接与传动情况，以及零件的主要结构、形状等正确、清晰、完整地表达出来。

（二）必要的尺寸

装配图标明装配体的规格、装配、安装、检验和总体大小等方面的尺寸。

（1）规格（性能）尺寸：表示装配体规格、性能和特征的尺寸。

（2）装配尺寸：表示装配体零件之间配合的尺寸。

（3）安装尺寸：表示部件安装到机器上或将整机安装到基座上所需的尺寸。

（4）外形尺寸：表示装配体外形轮廓的大小，即总长、总宽、总高的尺寸。

（三）技术要求

有关车辆或部件的性能、装配、检验、调整、验收条件、试验、维护要求等技术指标，用文字或符号准确、简明地写出。

（四）标题栏、零件序号和明细栏

在装配图上，必须对每个零件进行编号，并在明细栏中依次列出零件序号、代号、名称、数量、材料等内容。在标题栏中写明装配体的名称、规格、绘图比例、图号及设计、制图等有关人员的签名等。

二、装配图的识读

通过识读装配图，可以了解机器或部件的工作原理和使用性能，弄清各零件在部件中的功能、零件间的装配关系、连接方式，主要零部件的结构形状、作用及拆装顺序等。识读装配图的方法和步骤如下。

（一）概括了解

识读装配图时，首先通过标题栏，了解装配体的名称、用途和图形比例等。再看明细栏，了解零件的名称、种类、材料、数量及标准件的规格等，并在装配图中找到相应零件及所在位置。通过对装配图的概括了解，对装配体的结构、大小和用途有个大致的了解。

（二）分析工作原理和装配关系

通过识读各零件相互配合、定位、连接方式和零件的运动情况，分析装配体的工作原理和装配关系。

（三）分析零件的主要结构形状

从主要视图的主要零件开始，按"先简单，后复杂"的顺序进行零件分析，弄清零件的结构形状。有些零件在装配图上不一定表达得完全清楚，可配合零件图来读装配图。

（四）归纳总结，想象整体

在以上分析的基础上，再对技术要求和全部尺寸进行分析，并把装配体的性能、结构、装配、操作、维修等方面联系起来研究，归纳总结，才能准确地识读装配图。

中国力量

国际设计大赛 5 奖满贯——吉利汽车在国际设计界展现中国品牌的力量

曾几何时，中国汽车产业一直扮演着学徒身份，亦步亦趋地跟随外资品牌。在设计界，曾经中国的设计很难实现国际审美的"破圈"。如今，吉利银河 E8 打破传统，在国际设计界展现中国品牌的力量。2024 年以来，最美中国旗舰轿车银河 E8 已获得国际工业设计三大"奥斯卡"，更是获得了"意大利 A 设计大奖赛"最高奖项——铂金奖，备受国际关注。

吉利设计将中国传统美学巧妙地运用在吉利银河E8的车身和内饰设计中，传递出无限的想象力和创造力。比如，车内"三潭印月"悬浮音箱、"荷塘涟漪"副仪表台以及"书山叠嶂"门板设计等座舱内的细节设计，都是对中华审美最好的注解，也让全球设计圈感受到中国设计风潮。

拓展提升

　　汽车中的水箱、排气管、管接头等均属于钣金制件，钣金制件与其他零件的连接多采用焊接、铆接或螺纹连接，这就需要采用展开图和焊接图进行表达，请学习如何识读它们（见图1-3-2）。

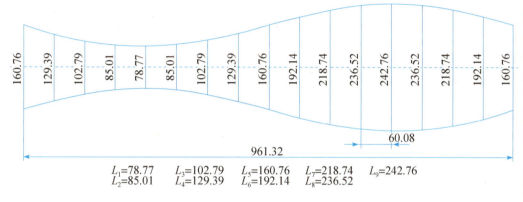

L₁=78.77　　L₃=102.79　　L₅=160.76　　L₇=218.74　　L₉=242.76
L₂=85.01　　L₄=129.39　　L₆=192.14　　L₈=236.52

图1-3-2　等径圆管任意角度多节弯头展开图

🚗 实践出真知

一、实训内容

　　通过对比观察汽车机械零件实物与零件图，掌握识读零件图的方法。

二、作业准备

　　1. 汽车机械零件实物与零件图：汽车曲轴实物8件、汽车连杆实物8件、曲轴和连杆零件图各8张。

　　2. 操作前明确操作方法，实施作业过程中要做到6S。

三、操作步骤

　　1. 对比观察汽车机械零件实物与零件图。

　　2. 通过读零件图的标题栏，了解零件的名称、材料、数量等基本情况。

　　3. 通过识读视图，了解零件主要形体的结构、形状特征，以及零件的工作位置。

　　4. 分析零件图的尺寸标注，找出长、宽、高三个方向的尺寸基准。

5. 识读零件图，了解零件在尺寸公差、形状公差、位置公差、表面粗糙度和热处理等方面的各项技术指标和要求，对照实物，理解这些要求的意义。

检测评价

请根据表 1-3-1 完成检测评价。

表 1-3-1 检测评价

考评项目	分数	自我评价	小组互评	教师评价	小计
劳动纪律	10				
沟通能力及团队协作精神	10				
活动参与度	10				
设备使用	5				
查找维修资料、文献等取得信息的能力	15				
任务完成情况	40				
6S管理执行力	10				
总分	100				
教师签名：				得分	

本章小结

投影法分为中心投影法和平行投影法两类，平行投影法又分为斜投影法和正投影法。

正投影具有真实性、积聚性、类似性的基本性质。

三视图包括主视图、左视图和俯视图，具有长对正、宽平齐、高相等的投影规律。

零件的常用表达方法有视图、剖视图、断面图等。

零件图的内容包括一组图形、完整尺寸、技术要求和标题栏等。

零件图的识读步骤包括读标题栏、表达分析、尺寸分析、技术要求分析和归纳总结五步。

装配图应包括以下基本内容：一组图形、必要的尺寸、技术要求、标题栏、零件序号和明细栏等。

识读装配图的方法和步骤包括：概括了解；分析工作原理和装配关系；分析零件的主要结构形状；归纳总结，想象整体。

同步练习

一、填空题

1. 正投影具有＿＿＿＿＿＿、＿＿＿＿＿＿、＿＿＿＿＿＿的基本性质。

2. 三视图具有＿＿＿＿＿＿、＿＿＿＿＿＿、＿＿＿＿＿＿的投影规律。

二、选择题

1. 物体有上、下、左、右、前、后六个方位，主视图反映了物体的（　　）方位。

A. 上、下、前、后
B. 上、下、左、右

C. 前、后、左、右
D. 上、下、左、右、前、后

2. 基本视图是零件的常用表达方法，基本视图数量为（　　）个。

A. 6
B. 5
C. 4
D. 3

三、问答题

1. 零件图的内容有哪些？

2. 简述识读装配图的方法和步骤。

第二章

公差配合与技术测量

学习目标

知识目标： 1. 了解国家标准对公差与配合的有关规定。

2. 掌握国家标准下公差的标注与读取方法。

3. 掌握常用测量仪器的使用方法。

4. 了解国家标准有关表面粗糙度的概念、基本类型及选用原则。

能力目标： 1. 能够读懂工程图纸上关于公差的表述。

2. 能够使用常用测量器具进行测量和校核。

3. 能够判断测量结果是否符合国家标准的有关规定。

素养目标： 1. 培养精益求精的工匠精神。

2. 提高观察问题和解决问题的能力。

3. 增强创新意识，提高创新能力。

4. 培养环保意识，提高综合素质。

建议学时

6 个学时。

课程导入

互换性是指在一定的标准和条件下，不同生产厂家、不同型号或不同批次的零部件可以相互替换，而不需进行额外的加工和调整。也就是说，具有互换性的零部件可以在不同的装配环境中自由交换使用。

标准性是指根据国家或行业的统一规范制定的一系列标准要求。这些标准规定了产品的尺寸、形状、材料、性能等方面的要求，以确保产品的质量、互换性和安全性。标准性可以为产品和生产提供一种统一的基准，使得不同厂家和型号的产品能够相互兼容，降低生产成本，提高效率。

知识储备

第一节　互换性和标准性

一、互换性与标准性的定义及基本术语

（一）互换性的定义和作用

1. 互换性的定义

互换性是指在一定的标准和条件下，不同生产厂家、不同型号或不同批次的零部件可以相互替换，而不需额外的加工和调整。也就是说，具有互换性的零部件可以在不同的装配环境中自由交换使用。

2. 互换性的作用

互换性对于制造业具有重要作用：（1）降低成本；（2）提高质量；（3）促进创新；（4）加快市场响应速度；（5）便于维修与维护。

总之，互换性是制造业中的重要概念，它确保了产品的一致性、稳定性和可靠性，同时降低了生产成本，并促进了供应链的协调与创新。

（二）标准性概念

标准性是指根据国家或行业的统一规范制定的一系列标准要求。这些标准规定了产品的尺寸、形状、材料、性能等方面的要求，以确保产品的质量、互换性和安全性。

标准性在制造业中起着至关重要的作用。目前使用的版本是《产品几何技术规范（GPS）线性尺寸公差 ISO 代号体系 第 1 部分：公差、偏差和配合的基础》（GB/T 1800.1—2020）。

节能环保

中国新能源汽车电池规格的统一与互换性

随着人们环保意识的增强和新能源汽车市场的快速发展，各家汽车制造商纷纷推出了自己的新能源汽车产品。然而，由于不同厂家在电池规格上存在差异，导致新能源汽车充电基础设施建设困难、消费者购车选择受限等问题。

为了解决这些问题，中国政府出台了相关政策和标准，推动新能源汽车行业实现电池规格的统一与互换性。各大汽车制造商积极响应，并在电池规格上进行了调整。经过协商和合作，它们达成了一致，将统一使用相同的电池规格。

统一的电池规格意味着不同品牌的新能源汽车可以共享同一充电桩。消费者无须担心充电设备的兼容性问题，可以更加便捷地使用充电服务。同时，这也推动了新能源汽车充电基础设施的建设和普及，提高了充电设备的利用率。

此外，电池规格统一也给消费者带来了更多选择的机会。他们可以根据自己的需求和喜好选择品牌，而不再被电池规格的限制所束缚。这促进了市场竞争和产品创新，提高了消费者的购车体验。

解析： 通过电池规格的统一与互换性，中国新能源汽车行业解决了新能源汽车充电基础设施建设困难、消费者购车选择受限等问题。这个案例告诉我们，在推动产业发展和满足消费者需求的过程中，统一规范是非常重要的。只有统一规范，不同厂商才能共同合作，解决行业面临的挑战，并为用户提供更好的产品和服务。

（三）孔与轴尺寸标注

在汽车工业的设计和制造中，孔与轴的零件非常多，正确的尺寸标注和计算可以确保零件之间的配合质量和相互替换的可靠性。图 2-1-1 所示为轴与孔的公差标注方法。数值中包含公称尺寸、上偏差、下偏差，因此也可以推出上极限尺寸和下极限尺寸。

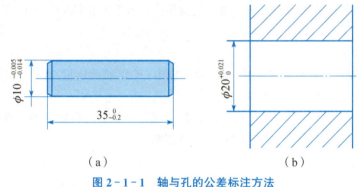

（a）　　　　　　　　　　　　（b）

图 2-1-1　轴与孔的公差标注方法

1. 公称尺寸

设计给定的尺寸称为公称尺寸。如图 2-1-1 所示，轴的公称直径为 $\phi 10\text{mm}$，公称长度为 35mm，孔的公称直径为 $\phi 20\text{mm}$。

2. 极限尺寸

允许的尺寸变化有两个界限值，称为极限尺寸。如图 2-1-2 所示，D_{max} 为孔的上极限尺寸，D_{min} 为孔的下极限尺寸；d_{max} 为轴的上极限尺寸，d_{min} 为轴的下极限尺寸。

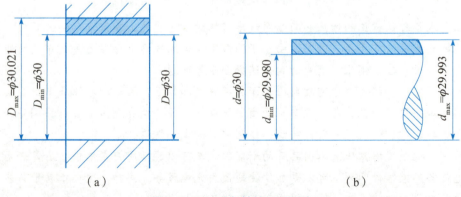

（a）　　　　　　　　　　　　（b）

图 2-1-2　孔与轴的极限尺寸

3. 极限偏差

极限偏差是孔或轴的实际尺寸与其设计尺寸之间的差异。根据偏差的方向，可以将偏差分为上极限偏差和下极限偏差。上极限偏差表示孔或轴的最大极限尺寸与基本尺寸的相差，而下极限偏差则表示最小极限尺寸与基本尺寸的相差。通过选择适当的极限偏差值，可以实现所需的配合间隙或过盈配合。

4. 公差

公差是指一组孔或轴的尺寸变化范围。以尺寸公差为例，孔的公差用"T_h"表示，轴的公差用"T_s"表示，没有正负含义。孔与轴的公差图示，如图 2-1-3 所示。公差为用上极限偏差减去下极限偏差的绝对值。

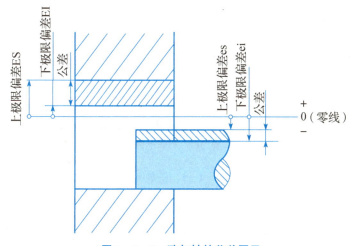

图 2-1-3 孔与轴的公差图示

5. 配合类型

配合类型是指孔与轴之间的连接方式。根据配合的松紧程度，可以将配合类型分为间隙配合、过盈配合和过渡配合。间隙配合适用于需要有一定间隙的场合，过盈配合适用于需要较大的紧固力或传递转矩的场合，而过渡配合则适用于需要实现拆卸和调整的场合。选择适当的配合类型可以确保零件在装配和使用过程中的稳定性和可靠性。

二、公差带的标准化

公差带是指在设计和制造过程中，为了标识允许的尺寸变动范围而设置的一个上下限区间，如图 2-1-4 所示。它包含了设计尺寸的基准值及允许的公差范围，用于确保零件的尺寸在可接受的范围内。

在实际生产中，为了实现互换性，达到节能环保的目的，就需要制定标准化的公差带。我国的标准化公差带，称为公差系列；公差带位置标准化后，称为基本偏差系列。

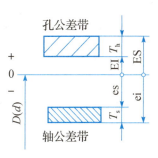

图 2-1-4 公差带图解

（一）标准公差类型

根据现行国家标准《产品几何技术规范（GPS）线性尺寸公差 ISO 代号体系 第 1 部分：公差、偏差和配合的基础》(GB/T 1800.1—2020)，标准公差等级用于确定尺寸精确程度等级。标准公差有 20 级，按精度从高到低依次使用代号 IT01、IT0、IT1、IT2、…、IT17、IT18 表示，IT01 级最高，IT18 级最低，公差等级越高，加工越难，成本越高。

（二）基本偏差系列

基本偏差是国家标准《极限与配合》中所规定的，用以确定公差带相对于零线位置的上偏差或下偏差。一般都是以靠近零线的那个偏差为决定公差带位置的参数，如图 2-1-5 所示。

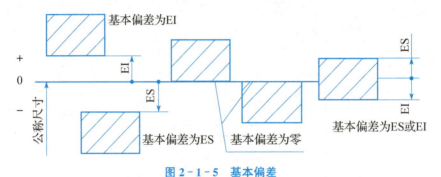

图 2-1-5　基本偏差

1. 基本偏差代号

国家标准中对孔、轴分别规定了 28 种基本偏差，代号用拉丁字母表示，大写字母表示孔的基本偏差，小写字母表示轴的基本偏差，如表 2-1-1 所示。

表 2-1-1　孔和轴的基本偏差代号

孔	A	B	C	D	E	F	G	H	J	K	M	N	P	R	S	T	U	V	X	Y	Z			
			CD		EF	FG			JS													ZA	ZB	ZC
轴	a	b	c	d	e	f	g	h	j	k	m	n	p	r	s	t	u	v	x	y	z			
			cd		ef	fg			js													za	zb	zc

2. 基本偏差的数值

实际使用中，基本偏差的数值需要通过查表的方式获得，这个可以通过线上搜索相关的标准手册或专业数据库来获得。

当孔和轴的基本偏差确定后，另一个极限偏差就可以通过计算得到。

（三）公差带

1. 公差带代号

孔、轴公差带代号由基本偏差代号与公差等级数字组成。

例如：孔公差带代号 H9、D9、B11、S7、T7；轴公差带代号 h6、d8、k6、s6、u6。

2. 图样上标注尺寸公差的3种方法

（1）公称尺寸与公差带代号表示：

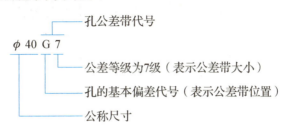

（2）公称尺寸与极限偏差表示：

$$\phi 40\left(^{+0.034}_{+0.009}\right)$$

（3）公称尺寸与公差带代号、极限偏差共同表示：

$$\phi 40 G7\left(^{+0.034}_{+0.009}\right)$$

3. 公差带系列

国家标准对公称直径小于或等于500mm的轴和孔规定了一般、常用和优先使用的公差带，共116种轴一般公差带，105种孔一般公差带。

在现行标准中，孔、轴的极限偏差直接做成了国家标准，在设计、制造的图纸上直接采用偏差代号＋公差等级即可，如 $\phi 35H6$。具体的上下偏差数值可以通过查询 GB/T 1800.2—2020 中的极限偏差表得到。

三、公差与配合的选择

（一）基孔制

基孔制配合：基本偏差为一定的孔的公差带，与不同基本偏差的轴的公差带形成各种配合的一种制度，如图2-1-6所示。基孔制规定了59种常用配合，其中13种优先配合。

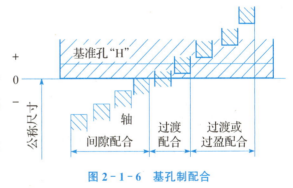

图 2-1-6 基孔制配合

（二）基轴制

基轴制配合：基本偏差为一定的轴的公差带，与不同基本偏差的孔的公差带形成各种配合的一种制度，如图2-1-7所示。基轴制规定了47种常用配合，其中13种优先配合。

（三）配合代号

国标规定：配合代号用孔、轴公差带代号的组合表示，写成分数形式，分

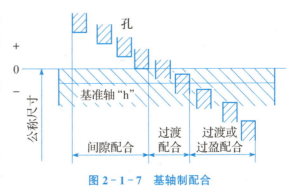

图 2-1-7 基轴制配合

子为孔的公差带代号，分母为轴的公差带代号。例如，$\phi50H8/f7$ 或 $\phi50\dfrac{H8}{f7}$，其含义是：公称尺寸为 $\phi50mm$，孔的公差带代号为 H8，轴的公差带代号为 f7，为基孔制间隙配合。

拓 展 提 升

发动机的拆装是汽车类专业的必修课程，请同学们在拆装过程中，感受间隙配合、过盈配合零件的正确安装方法。

第二节　几何公差与表面粗糙度公差

在第一节中，我们学习了尺寸公差，本节我们来学习几何公差。本节任务是把图 2-2-1 所示的某单缸发动机的曲轴图样上标注的几何公差看懂。

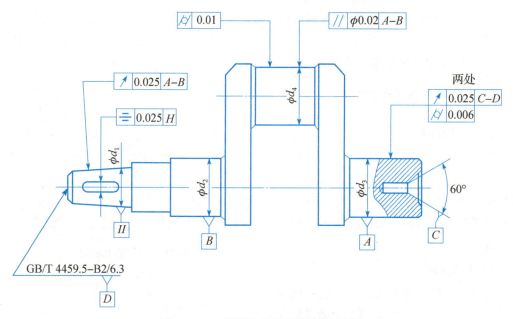

图 2-2-1　某单缸发动机的曲轴图样

为什么要有几何公差呢？那是因为实际加工与理想状态总会在这两个方面有所偏差，如图 2-2-2 所示。

几何公差可分为形状公差、方向公差、位置公差和跳动公差。

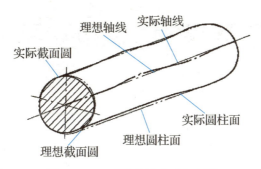

图 2-2-2 理想要求与实际要求

一、几何公差的项目及符号

几何公差的项目及符号如表 2-2-1 所示。

表 2-2-1 几何公差的项目及符号

公差类型	几何特征	符号	有无基准
形状公差	直线度	—	无
	平面度	▱	无
	圆度	○	无
	圆柱度	⌭	无
	线轮廓度	⌒	无
	面轮廓度	◠	无
方向公差	平行度	//	有
	垂直度	⊥	有
	倾斜度	∠	有
	线轮廓度	⌒	有
	面轮廓度	◠	有

续表

公差类型	几何特征	符号	有无基准
位置公差	位置度	⊕	有或无
	同心度（用于中心点）	◎	有
	同轴度（用于轴线）	◎	有
	对称度	═	有
	线轮廓度	⌒	有
	面轮廓度	⌓	有
跳动公差	圆跳动	↗	有
	全跳动	↗↗	有

二、几何公差的标注方法

几何公差的标注包含两个部分，分别是几何公差代号（见图 2-2-3）和基准符号（见图 2-2-4）。

图 2-2-3　几何公差代号　　　　　图 2-2-4　基准符号

（一）几何公差代号

如图 2-2-3 所示，从左至右，分别是几何公差框格和指引线；几何公差有关项目的符号；几何公差数值和其他有关符号；基准字母和其他有关符号。

（二）基准符号

在几何公差的标注中，与被测要素相关的基准用一个大写字母表示。字母标注在基准方格内,与一个涂黑或空白的三角形相连以表示基准。涂黑的和空白的基准三角形含义相同。注意里面的字母不能用 E、I、J、M、O、P、L、R、F。

(三)被测要素与基准要素的标注方法

被测要素:用带箭头的指引线将被测要素与公差框格的一端相连,指引线的箭头应指向被测要素公差带的宽度或直径方向。

基准要素:采用基准符号标注,并从几何公差框格中的第三格起,填写相应的基准符号字母,基准符号中的连线应与基准要素垂直。无论基准符号在图样中方向如何,方格内字母应水平书写,如图2-2-5所示。

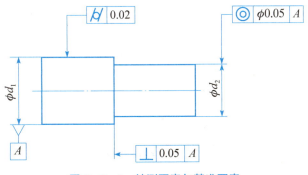

图2-2-5 被测要素与基准要素

三、表面粗糙度公差

(一)表面粗糙度概述

表面粗糙度是用来描述零件表面的凹凸不平程度和细微波纹的一种公差,如图2-2-6所示。表面粗糙度对于许多零件的功能和寿命非常重要。

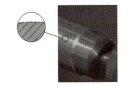

图2-2-6 表面粗糙度

(二)表面粗糙度的符号、代号

表面结构符号如表2-2-2所示。

表2-2-2 表面结构符号

符 号	说 明
√	基本图形符号:表示未指定工艺方法的表面,当通过一个注释解释时可单独使用,没有补充说明时不能单独使用
√	扩展图形符号:表示用去除材料方法获得的表面,如通过机械加工获得的表面;仅当其含义是"被加工并去除材料的表面"时可单独使用

续表

符　号	说　明
	扩展图形符号：表示不去除材料的表面，如铸、锻、冲压成形、热轧、冷轧、粉末冶金等；也用于保持上道工序形成的表面，不管这种状况是通过去除材料或不去除材料形成的
	完整图形符号：当要求表面结构特征的补充信息时，应在原符号上加一横线

表面结构代号如图 2-2-7 所示。

图 2-2-7　表面结构代号

a—表面结构的单一要求；a、b—两个或多个表面结构要求，在位置 a 注写第一个表面结构要求，在位置 b 注写第二个表面结构要求；c—加工方法；d—表面纹理和方向；e—所要求的加工余量（mm）。

拓 展 提 升

让学生尝试拆解和观察其他类型的汽车零部件，如制动盘、车轮等，进一步理解形位公差和表面粗糙度在不同零部件中的应用。

鼓励学生在拆解和分析的过程中思考如何提高汽车性能，如通过改进制造工艺来优化形位公差和表面粗糙度。

第三节　技术测量在汽车维修上的应用

一、计量器具基本知识

计量器具是指能用于确定被测对象量值的工具、仪器和仪表等计量用具。根据结构和功能特点，计量器具可分为量具、量仪、计量仪表和计量装置四大类，如图 2-3-1 所示。

(a) 量具

(b) 量仪

(c) 计量仪表

(d) 计量装置

图 2-3-1 计量器具

二、常用技术测量工具及使用方法

(一) 塞尺

塞尺是一种用于测量间隙的工具，主要由一组具有不同厚度级差的薄钢片组成，如图 2-3-2 所示。

使用方法：用干净的布将塞尺测量表面擦拭干净，将塞尺插入被测间隙中，来回拉动塞尺，感到稍有阻力，说明该间隙值接近塞尺上所标出的数值。进行间隙的测量和调整时，先选择符合间隙规定的塞尺插入被测间隙中，然后一边调整，一边拉动塞尺，直到感觉稍有阻力时拧紧锁紧螺母，此时塞尺所标出的数值即为被测间隙值。

图 2-3-2 塞尺

(二) 游标卡尺

游标卡尺是一种精度较高的长度测量工具，可用于测量外径、内径、深度和台阶等尺寸。在汽车维修中，游标卡尺常用于测量孔径、轴承座和齿轮等部位的尺寸。游标卡尺的精度一般为 0.02mm，也有精度 0.05mm 和 0.10mm 的游标卡尺。

1. 游标卡尺测量方法

(1) 用软布将量爪擦干净，使其并拢，查看游标和主尺身的零刻度线是否对齐，如果对齐就可以进行测量，如果没有对齐则要记取零误差。

(2) 测量时，右手拿住尺身，大拇指移动游标，左手拿待测外径或内径的物体，使待测物位于外测量爪之间。

（3）当测量零件的外尺寸时，卡尺两测量面的连线应垂直于被测量表面，不能歪斜。

（4）先把卡尺的活动量爪张开，使量爪能自由地卡进工件，把零件贴靠在固定量爪上，然后移动尺框，用轻微的压力使活动量爪接触零件。最后把锁紧螺母拧紧，取出读数。

游标卡尺的使用方法

2. 游标卡尺读数方法

先读出游标零刻度线左侧主尺身刻度的整毫米数，作为测量结果整数部分，再读出游标上从零刻度线开始到主尺上刻线对齐的第 N 刻度线对应的游标数值作为小数部分，最后把整数部分和小数部分相加即为所测实际尺寸。

例：请正确读取图 2-3-3 所示游标卡尺的读数。

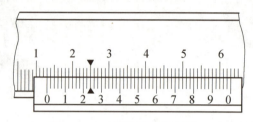

图 2-3-3　游标卡尺读数练习

答：图 2-3-3 所示的游标卡尺读数：整数部分为 13mm，小数部分为 0.24mm，相加为 13.24mm。

（三）千分尺

千分尺（见图 2-3-4）是一种精度较高的长度测量工具，可用于测量外径、内径、深度和台阶等尺寸。在汽车维修中，千分尺常用于测量精度要求较高的零部件尺寸。千分尺的精度一般为 0.01mm，使用时需要注意保持测量面干净、平直，避免受到外力变形或损伤。

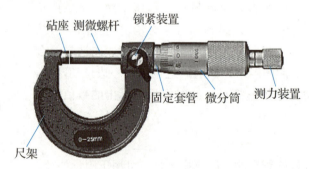

砧座　测微螺杆　锁紧装置

固定套管　微分筒　测力装置

尺架

图 2-3-4　千分尺

1. 千分尺测量方法

以外径千分尺测量方法为例：

（1）使用前应检查零点，缓缓转动微调旋钮，使测杆和测砧接触，直到棘轮发出声音。此时可动尺上的零刻线应与固定套筒上的基准线对正，否则会有零误差。

（2）左手持尺架，右手转动粗调旋钮，使测杆与测砧间距稍大于被测物，然后将被测物放入，转动保护旋钮夹住被测物，直到棘轮发出声音。最后拨动固定旋钮使测杆固定后读数。

2. 千分尺读数方法

（1）先读固定刻度。

（2）再读半刻度。若半刻度线已露出，记作 0.5mm；若半刻度线未露出，记作 0.0mm。

（3）再读可动刻度，注意估读。记作 $n \times 0.01$mm。

（4）最终读数结果为固定刻度＋半刻度＋可动刻度＋估读。

例： 读出图 2-3-5 中外径千分尺所示的读数。

外径千分尺的使用方法

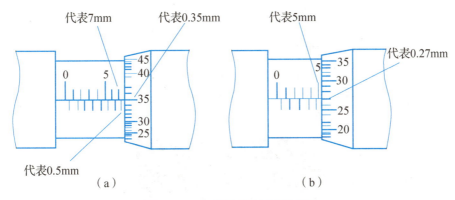

图 2-3-5　外径千分尺读数练习

答： 图 2-3-5（a）的固定刻度为 7mm，半刻度为 0.5mm，可动刻度为 0.35mm，相加为 7.85mm。

图 2-3-5（b）的固定刻度为 5mm，半刻度没露出，为 0mm，可动刻度为 0.27mm，相加为 5.27mm。

（四）内径百分表

内径百分表是一种比较测量工具，如图 2-3-6 所示。在汽车维修中，杠杆百分表常用于测量深孔类汽车零部件的形位公差，如发动机气缸磨损的检测。杠杆百分表的精度一般为 0.01mm，使用时需要保证测头与被测表面接触良好，避免受到外力损伤。

图 2-3-6　内径百分表（杠杆百分表）

读数方法：用内径百分表测量孔径属于相对测量法，测量前应根据被测孔径的大小，用千分尺或其他量具将其调整对零才能使用。测量时将表杆在测量头的轴线所在平面内轻微摆动，在摆动过程中读取最小读数，即为孔径的实际偏差。

三、汽车典型部件的测量案例

（一）汽车发动机气门测量

（1）使用游标卡尺或者千分尺对进气门和排气门的直径进行测量。

（2）使用塞尺对气门间隙进行检查，如图2-3-7所示。

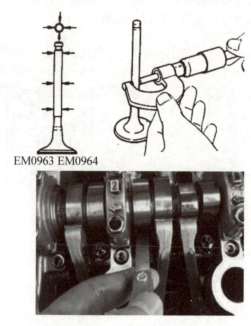

EM0963 EM0964

图2-3-7　气门检测

（二）汽车发动机活塞测量

活塞的检查项目包括活塞外径的测量和活塞销孔的测量，如图2-3-8所示。

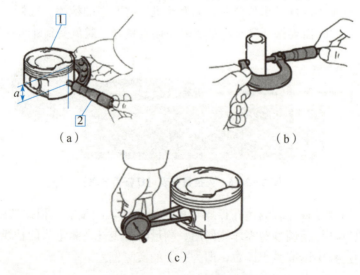

（a）　　　　　　　　　　　　　　　　　（b）

（c）

图2-3-8　发动机活塞测量

（1）活塞销外径的测量。

（2）测量每个活塞的销孔直径。

（3）计算活塞销和活塞销孔的间隙，必要时更换活塞或活塞销。

（三）汽车刹车片测量

方法1：使用钢直尺测量刹车片（见图2-3-9）的厚度，将钢直尺放置在刹车片表面，读取刹车片表面的刻度值，即为刹车片的厚度。

方法2：使用游标卡尺测量刹车片的磨损程度，将游标卡尺的测头置于刹车片表面，调整游标卡尺的指针为零，然后沿着刹车片表面的纹路滑动游标卡尺的测头，读取指针偏转量，即为刹车片的磨损程度。

图2-3-9　汽车刹车片

（四）汽车轮胎花纹深度测量

（1）使用深度测量仪测量轮胎花纹深度，将深度测量仪的测头放置在轮胎花纹沟槽中，调整测量仪的指针为零，然后移动测头，读取指针偏转量，即为轮胎花纹深度，如图2-3-10所示。

（2）使用游标卡尺测量轮胎花纹深度，将游标卡尺的测头置于轮胎花纹沟槽中，调整游标卡尺的指针为零，然后沿着轮胎花纹沟槽滑动测头，读取指针偏转量，即为轮胎花纹深度。

（五）气缸内径测量

使用内径百分表对气缸内径进行测量，以此确定气缸的磨损程度。在图2-3-11中 A、B、C 三个位置，每个位置互相垂直测量两个数值，并且记录。

图2-3-10　轮胎花纹深度测量

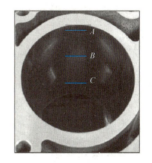

图2-3-11　气缸内径测量

指针式游标卡尺的读数方法

读数时，先读主尺上面的值，再读表盘上面的值。当主尺上面的值为偶数时，我们则在表盘上读右半圈的数值；当主尺上面的值为奇数时，我们则在表盘上读左半圈的数值。

如图 2-3-12 所示，主尺上的值为"4mm"，是偶数，我们在表盘上面的读数则取右半圈数值，为"0.66mm"，总数值为"4.66mm"。

图 2-3-12　指针式游标卡尺读数示例 1

如图 2-3-13 所示，主尺上的值为"5mm"，是奇数，那么我们在表盘上面的读数则取左半圈数值，为"0.92mm"，总数值为"5.92mm"。

图 2-3-13　指针式游标卡尺读数示例 2

实践出真知

实训任务一

一、实训内容

在发动机拆装实训室中，观察发动机的各个零件、构件。根据已学知识分辨标准件、非标准件。判断各个零件、构件之间的配合类型，并说出为什么需要采用这种配合。

二、作业准备

1. 设备工具：汽车发动机的整体和拆下的零件、构件。

2. 操作前明确操作方法，不盲目操作；工量具选用正确，不得暴力操作；实施作业过程中要做到 6S。

三、操作步骤

1. 分组。

2. 以小组为单位进行讨论，写出各个零件、构件的名称，标注出非标准件和标准件。

3. 以小组为单位进行讨论，找出各个配合的零件、构件，并判断配合类型，数量越多越好。

4. 各小组进行结果分享。

5. 教师总结。

实训任务二

一、实训内容

本实训将让学生通过实际操作，深入理解形位公差和表面粗糙度的概念和应用。我们将进行一个汽车零部件拆解和分析的实验，让学生观察零部件的形位公差和表面粗糙度，理解它们对汽车性能的影响。

二、作业准备

1. 汽车零部件：可以选择具有明显形位公差和表面粗糙度的汽车零部件，如发动机气缸体、活塞、曲轴等。

2. 工具和设备：相应的拆解工具和测量设备，如起重设备、手动工具、测量尺等。

3. 相关实训教材或指南：了解形位公差和表面粗糙度的基本概念和影响因素。

三、操作步骤

1. 安全注意事项讲解：强调拆解汽车零部件前的安全注意事项，包括正确使用拆解工具、避免过度用力等。

2. 零部件拆解：在指导下，学生使用适当的工具对所选汽车零部件进行拆解，并记录拆解过程中的观察结果。

3. 形位公差观察：观察拆解后的零部件，理解它们在不同位置的形位公差对汽车性能的影响。例如，观察气缸孔与活塞的配合情况，理解其对气密性和摩擦力的影响。

4. 表面粗糙度观察：观察零部件的表面粗糙度，理解其对汽车性能的影响。例如，观察曲轴的表面粗糙度，理解其对发动机效率和振动的影响。

5. 分析讨论：在实训过程中，组织学生进行分析和讨论，让他们根据实际观察，理解形位公差和表面粗糙度对汽车性能的具体影响。

实训任务三

一、实训内容

发动机活塞的测量。

二、作业准备

1. 不同尺寸的活塞若干、外径千分尺、游标卡尺、塞规、干净抹布等。

2. 操作前明确操作方法，不盲目操作；工量具选用正确，不得暴力操作；实施作业过程中要做到6S。

三、操作步骤

1. 用抹布清洁外径千分尺、活塞。

2. 使用千分尺，在与销孔轴线垂直的方向距离活塞顶 28.5mm 处测量活塞头部直径，如图 2-3-14 所示。

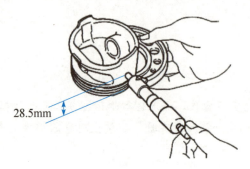

图 2-3-14　测量活塞头部直径

3. 记录相关数据。把测量数据登记在记录表中，并且与维修手册中的标准值进行对比。

值得注意的是，标准活塞直径有 3 级尺寸，分别标记为 1、2 或 3，对应不同的标准值，如图 2-3-15 所示。在比对时一定要选择正确的级别进行比对。

活塞直径：
标准

标记	mm（in.）
1	78.615～78.625（3.0951～3.0955）
2	78.625～78.635（3.0955～3.0959）
3	78.635～78.645（3.0959～3.0963）

图 2-3-15　活塞直径标记

4. 测量活塞销孔的直径并记录，如图 2-3-16 所示。

5. 使用卡规或游标卡尺测量活塞销孔的直径并记录。

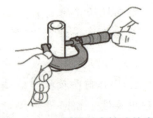

图 2-3-16　测量活塞销孔的直径

实训任务四

一、实训内容

气缸直径测量。

二、作业准备

1. 发动机气缸、游标卡尺、外径千分尺、内径百分表、干净抹布等。

2. 操作前了解各种量具、量仪的使用方法，避免误操作；选用合适的外径千分尺，不得使用不准确的工量具；实施作业过程中要注意安全，防止划伤；不得暴力操作；实施作业过程中要做到6S。

三、操作步骤

1. 采用查表方法找到气缸的标准值，或者采用游标卡尺先测量一次内径，并且取一个整数作为基准，如82mm。

2. 校准外径千分尺后，将千分尺调整到82mm并锁住。

3. 把百分表装配在内径测量支架上，为了消除机械误差，测量表预先压入2mm左右，即表中圈数指示表（小指针）的2圈。

4. 百分表工具盒内找相应的接驳杆连接到百分表上，然后把百分表嵌入距离已经调好的外径千分尺。

5. 旋转刻度盘，使得指针对准零刻度（指针没有摆动），此时，百分表就获得了82mm的基准。

6. 依照之前描述的测量点，对缸径进行测量（注意手持位置，不允许触碰金属位置）。

7. 读数：随着摆动内径测量支架，会发现指针的摆动存在一个最小值，该值即为缸径，观察百分表红色的刻度，若指针的读数大于0，则表示缸径比基准大，若指针读数小于0，则表示缸径比基准小。记录填表。

检测评价

请根据表2-3-1完成检测评价。

表2-3-1 检测评价

考评项目	分数	自我评价	小组互评	教师评价	小计
劳动纪律	10				
沟通能力及团队协作精神	10				
活动参与度	10				
设备使用	5				
查找维修资料、文献等取得信息的能力	15				
任务完成情况	40				
6S管理执行力	10				
总分	100				
教师签名：				得分	

本章小结

选择合适的计量器具和测量方法，根据被测对象的尺寸和形位公差要求选择合适的测量工具和测量方法。

确保计量器具的精度和稳定性，使用前应对计量器具进行校准和调整，确保其精度和稳定性。

注意测量面的清洁和平整，保持测量面干净、无油污、无杂质，确保测量结果的准确性。

注意测头的接触状态，保证测头与被测表面接触良好，避免出现误差。

注意操作规范和安全，遵守测量工具的使用说明，避免因操作不当导致的测量误差和安全问题。

同步练习

一、选择题

1. 下列测量工具，用于测量小尺寸的长度和深度的是（　　）。

A. 千分尺　　　　　　　B. 游标卡尺　　　　　　C. 量规　　　　　　　D. 测量台

2. 游标卡尺的精度一般可以达到（　　）等级。

A. 0.01mm　　　　　　B. 0.02mm　　　　　　C. 0.1mm　　　　　　D. 0.2mm

3. 在使用游标卡尺测量深度时，应（　　）。

A. 直接将卡尺平放在被测表面

B. 将卡尺倾斜一定角度，使尺身与被测表面平行

C. 将卡尺垂直插入被测表面

D. 将卡尺横向放在被测表面

4. 以下（　　）千分尺的测量精度更高。

A. 外径　　　　　　　　B. 内径　　　　　　　　C. 深度　　　　　　　D. 线性

5. 使用千分尺测量时，将测砧与被测表面对齐，应（　　）。

A. 相互平行　　　　　　　　　　　　　B. 相互垂直

C. 测砧在右侧，与被测表面垂直　　　　D. 测砧在左侧，与被测表面垂直

6. 当需要精确测量圆柱形工件的直径时，我们应该使用（　　）。

A. 游标卡尺　　　　　　B. 外径千分尺　　　　　C. 量规　　　　　　　D. 内径千分尺

二、问答题

1. 已知下面孔、轴的公差带代号，查表确定其极限偏差。

$\phi55D8$、$\phi130f6$、$\phi60H7$、$\phi40JS6$

2. 对曲轴图纸中标注的几何公差进行解释。

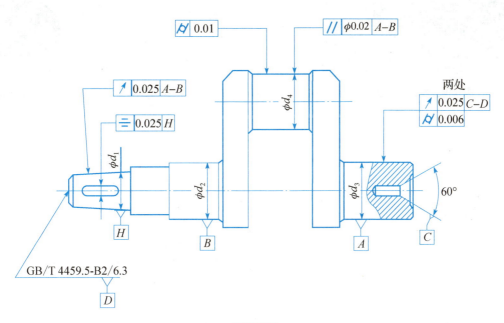

曲轴图纸

第三章

汽车常用材料

学习目标

知识目标：1. 掌握金属材料的分类方法，理解金属材料的性能。

2. 熟悉汽车中常用的有色金属、黑色金属的类型、特点及在汽车上的应用。

3. 熟悉塑料、橡胶、陶瓷、玻璃及复合材料的种类、特性及在汽车上的应用。

4. 掌握新能源汽车电池材料的性能及特点。

能力目标：1. 能正确识别金属材料在汽车上的应用。

2. 能正确识别非金属材料在汽车上的应用。

3. 能识别动力电池的类别及性能。

素养目标：1. 培养实事求是的态度、团队合作的精神。

2. 培养科技创新精神、环保意识。

3. 培养爱岗敬业、敬业求精的工匠精神。

建议学时

8 个学时。

课程导入

在现代工业社会中，汽车作为交通运输的重要工具，其性能、安全性和环保性都与所采用的材料密切相关。从车身结构到动力系统，从内饰配件到电子元器件，每一种材料的选择和应用都是科技进步和工程设计智慧的结晶。

本章将介绍汽车中涉及的各种常用材料，包括高强度钢、铝合金等轻量化金属材料，以及塑料、橡胶、陶瓷、玻璃等非金属材料在汽车零部件中的应用。

知识储备

第一节　金属材料

金属是一种具有光泽，有良好的延展性、导电性、导热性，并且具有正温度电阻系数的物质。地球上的金属资源广泛地存在于地壳和海洋中，其中有少数极不活泼的金属以单质形式存在，如金、银等，其余的金属都以化合物的形式存在。而金属材料是指由金属元素或以金属元素为主要材料构成的，并具有金属特性的材料。

一、金属材料的分类及性能

（一）金属材料的分类

金属材料可以根据其化学性质和物理性质进行分类，如图 3-1-1 所示。

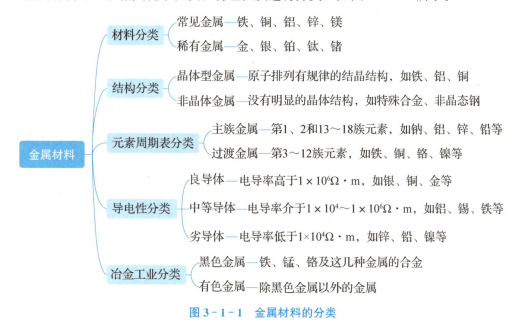

图 3-1-1　金属材料的分类

（二）金属材料的力学性能

力学性能是指材料在外力的作用下所表现出来的抵抗破坏和变形的性能。金属材料的力学性能是设计零件和选材时的主要依据。常用的力学性能包括强度、塑性、硬度、冲击韧性和疲劳强度等。

1. 强度

强度是指金属材料在外力的作用下抵抗塑性变形和断裂的能力。抵抗外力的能力越

大，则强度越大。由于金属材料在外力作用下从变形到破坏有一定的规律可循，因而通常采用拉伸试验进行测定，即把金属材料制成一定规格的试样，在拉伸试验机上进行拉伸，直至试样断裂。根据受力状况的不同，强度可以分为抗拉强度、抗压强度、抗弯强度、抗剪强度和屈服强度，其中抗拉强度和屈服强度是常用的强度指标。

2. 塑性

塑性则是指金属材料在外力作用下，产生永久变形而不断裂的能力。材料断裂前的塑性变形越大，表示塑性越好；反之则塑性越差。常用的塑性指标是断后伸长率和断面收缩率，其数值越大，表明材料的塑性越好，反之则越差。塑性好的金属材料可以通过锻压、轧制等压力加工成形状复杂的零件，具有安全可靠、不发生脆断的能力。

3. 硬度

硬度是指金属材料抵抗局部变形，特别是塑性变形、压痕或者划伤的能力。硬度是衡量材料软硬程度的指标，通常材料的硬度越高，耐磨性越好。金属材料的硬度可以通过试验来测得，硬度值不仅取决于材料本身，还取决于试验方法和试验条件。试验方法一般分为三类，即压入法（如布氏硬度、洛氏硬度、维氏硬度、显微镜硬度）、划痕法（如莫氏硬度）和回跳法（如肖氏硬度）。目前常用的是布氏硬度测试法和洛氏硬度测试法。

4. 冲击韧性

机器零部件在工作过程中不仅受到静载荷或者变载荷的作用，而且还会受到不同程度的冲击载荷的作用。比如，发动机中的活塞销和连杆，其性能要用抵抗冲击载荷而不被破坏的能力来衡量，这种抵抗能力称为冲击韧性，用冲击韧性值（a_K）表示，其单位 J/cm^2，它的大小表示材料的韧性高低，一般把 a_K 值低的材料称为脆性材料，反之则称为韧性材料。

5. 疲劳强度

零件在交变应力作用下过早发生破坏的现象称为疲劳，疲劳破坏没有明显的征兆，具有较大的突发性和危害性，汽车上的弹簧、轴承等零部件的损坏大多属于疲劳破坏。疲劳强度是指材料经受无数次应力循环而不被破坏的最大应力值。

二、有色金属在汽车上的应用

（一）铝及其合金在汽车上的应用

铝和铝合金是汽车的重要材料之一，有资料表明，用铝合金结构代替传统钢结构，可使汽车质量减轻 30%～40%，制造发动机减轻 30%，制造车轮减轻 50%。采用铝合金是汽车轻量化及环保、节能、提速和运输高效的重要途径之一。它们具有密度小、抗腐蚀性好、塑性好、能进行表面处理、导热导电性能好、强度高、低温性能好等特性。如图 3-1-2 所示，封装新能源汽车锂电池的复合软包装外壳材

图 3-1-2　锂电池

料——铝塑膜就包含铝箔。

纯铝因切削加工性差、可焊性差等特点，在汽车工业上使用较少。在纯铝中加入适量的硅、铜、镁、锌、锰等元素后组成铝合金，既保留了密度小和耐腐蚀的优点，又使力学性能得到提高。

铝合金按加工特点和化学成分不同分为变形铝合金和铸造铝合金两类。汽车上应用的主要是铸造铝合金。

1. 变形铝合金

变形铝合金具有较强的硬度和良好的塑性，在冷热状态下都可以进行压力加工。按性能及用途又分为防锈铝、硬铝、超硬铝和锻铝等几种。

变形铝合金在汽车上的应用有汽油箱、油管、铆钉、防锈蒙皮和装饰件等。

2. 铸造铝合金

铸造铝合金是指比较容易铸造成型的铝合金，与变形铝合金相比，它具有良好的铸造性能，但塑性差，不能进行压力加工。

铸造铝合金可以按主要合金元素不同分为铝硅合金、铝铜合金、铝镁合金及铝锌合金等。

铸造铝合金在汽车上的应用有发动机风扇、离合器壳体、气缸盖罩、发动机活塞（见图 3-1-3）等。

（二）铜及其合金在汽车上的应用

铜是人类最早发现和使用的金属材料。铜及铜合金具有优良的导电、导热、耐蚀性能，易于加工，且外表美观，广泛应用于机械、电子、电气、化工、交通、能源等领域。据国际铜业协会统计，传统汽车内燃机用铜 23kg，混合电动汽车用铜 40kg，插电混合电动汽车用铜 60kg，纯电动汽车用铜 83kg。

图 3-1-3 发动机活塞

> **节能环保**
>
> #### 青铜器及青铜文化：中华文明重要的精神标识与文化精髓
>
> 中国青铜器具有极高的艺术价值和社会文化价值，青铜器与青铜文化可看作中华文明重要的精神标识与文化精髓。
>
> 首先是工艺和造型方面的价值。公元前 18 世纪上半叶，中原地区在铜器制造技术上已熟练采用复杂的陶范合范铸造技术，至公元前 16 世纪，商代前期文化进一步将这种技术推向高端。商周时期，中国青铜工艺在"国之大事，在祀与戎"思想的指导下，主要用于铸造青铜礼器与兵器。相比其他文明古国，中国青铜工艺的发展水平很高，展现出灿烂的异彩，无论是在使用领域、工艺手法方面，还是在其所承载的精神文化方面，都可以说是独树一帜的，是人类最为优秀的文化遗产之一。
>
> 此外，青铜礼器上常有铭文，有的甚至长达数百字。早期几乎所有的铭文皆表明是

用来祭祀和怀念自己祖先的，当时已有尊祖敬宗、追念祖先功德的文明。此外，西周贵族认为要"畏天威"（大盂鼎铭文），强调不能按德行事会"坠命"，要保持危机意识，而有德的标志很重要的一点是要保民，以民为本。这种观念与青铜礼器铭文展示的对祖先的尊重、承继祖先功德的意愿是共性的，即中国人观念中固有的一定的人本主义精神。

铜及其合金在汽车上的应用

纯铜既有优良的导电、导热、塑性、耐蚀和焊接性能，又有一定的强度，在汽车上多用于制作气缸垫、进排气管道垫片及散热管、油管等。

铜合金按所加入的元素不同，分为黄铜、青铜和白铜。在机械生产中一般使用黄铜和青铜，白铜则用于精密机械、医疗器材等。

（1）黄铜是指以锌为主要合金元素的铜合金，常用于制作汽车上散热器、水箱本体、变速器同步器齿环、行星齿轮及半轴齿轮支承垫圈。

（2）青铜是指除黄铜和白铜（铜镍合金）以外的铜合金，常用于制作汽车上的活塞销衬套、曲轴轴瓦及曲轴止推垫圈、车门铰链衬套等。

三、黑色金属在汽车上的应用

（一）碳素钢在汽车上的应用

1. 碳素钢

碳素钢简称碳钢，通常指含碳量小于 2.11%，除铁、碳和少量的硅、锰、磷、硫等杂质外，不含其他合金元素的铁碳合金。实际使用的碳素钢含碳量一般不超过 1.4%。碳素钢冶炼方便、加工容易、价格低廉，有较好的力学性能和良好的工艺性能，能满足各种场合的使用需求，因而成为汽车生产制造的主要用材，约占汽车用材的 3/4。

2. 普通碳素结构钢在汽车上的应用

普通碳素结构钢主要保证力学性能高，故其牌号体现力学性能。普通碳素结构钢的牌号用"Q+数字"表示，其中"Q"为屈服点"屈"字的汉语拼音首字母，数字表示屈服强度数值。牌号后标注 A、B、C、D、E 区分钢材质量等级，其中 A 的质量等级最低，E 的质量等级最高，如 Q235-C 表示屈服强度为 235MPa 的 C 级镇静钢。

普通碳素结构钢在汽车上的应用：发动机前后支架、油底壳加强板、车轮轮毂、轮辐、消声器、前钢板弹簧夹箍、差速器螺栓锁片、驻车制动操纵杆棘爪与齿板等。部分应用如图 3-1-4 所示。

（a）消声器　　　　　　　　　　（b）车轮轮毂

图 3-1-4　普通碳素结构钢在汽车上的应用

3. 优质碳素钢在汽车上的应用

优质碳素钢的化学成分和力学性能均得到严格保证，所含的有害杂质元素和非金属夹杂物较少，热处理后的力学性能较好，其组织也比较均匀，多用于制造比较重要的汽车零件。其牌号用两位数字表示，代表该钢平均含碳量的万分数。例如，35 表示平均含碳量为 0.35% 的优质碳素钢。

优质碳素钢在汽车上的应用：驾驶室外壳、油底壳、离合器踏板轴及分离叉、轮胎螺栓和螺母、曲轴正时齿轮、机油泵齿轮、连杆螺母、气缸盖定位销、气门推杆、变速器、凸轮轴、曲轴、离合器从动轴、气门弹簧等。部分应用如图 3-1-5 所示。

(a) 油底壳

(b) 机油泵齿轮

(c) 凸轮轴

图 3-1-5　优质碳素钢在汽车上的应用

4. 碳素铸钢在汽车上的应用

碳素铸钢又称铸钢，它能制造形状复杂的零件，汽车上很多零件都是用铸钢制成的。铸钢的牌号由"ZG"和两位数字组成，其中"ZG"为铸钢的代号，两位数字分别表示屈服强度和抗拉强度。例如，ZG270-500 表示屈服强度为 270MPa、抗拉强度为 500MPa 的铸钢。

碳素铸钢在汽车上的应用：变速叉、起动爪、前减震器下支架、齿轮、棘轮等。

(二) 合金钢在汽车上的应用

采用碳素钢制造汽车上一些受力复杂的零件并不能满足其性能要求，如变速器齿轮、半轴、活塞等。因此，在汽车制造中还广泛应用了合金钢。

合金钢主要是在优质或高级优质碳素结构钢的基础上加入适量合金元素冶炼而成的钢，改善了钢的性能，具有良好的力学性能和加工工艺性能。常用的合金元素有硅、锰、铬、镍、钨、钼、钒、硼、铝、钛等。

汽车上常用的合金钢有低合金结构钢、合金渗碳钢、合金调质钢、合金弹簧钢及滚动轴承钢。

1. 低合金结构钢在汽车上的应用

低合金结构钢的含碳量为 0.1%～0.25%，所加入的合金元素含量不大于 3%。这类钢具有良好的塑性、韧性、焊接性及良好的耐磨性和耐蚀性。低合金结构钢一般是热轧后经空气冷却后加工成构件，构件不需要热处理就可以直接使用。

低合金结构钢在汽车上的应用：车架纵梁、车架横梁、油箱架、前保险杠、蓄电池板等，如图 3-1-6 所示。

2. 合金渗碳钢在汽车上的应用

合金渗碳钢的含碳量为 0.1%～0.25%，它是在渗碳钢的基础上加入一定量的合金元素而形成的，这些合金元素的加入可以提高零件抵抗冲击载荷的能力，使工件在渗碳后直接淬火，还能提高耐磨性。20CrMnTi 是应用最广泛的合金渗碳钢。

图 3-1-6 低合金结构钢在汽车上的应用

　　汽车上有些零件是在高速、重载、强烈冲击和剧烈摩擦的状态下工作的，如变速器齿轮、活塞销和万向节十字轴等，这就要求零件表面具有高硬度、高耐磨性，而芯部则要求具有高强度和韧性，采用合金渗碳钢制造并经热处理之后就可以达到要求。

　　合金渗碳钢在汽车上的应用：活塞销、挺杆、变速器齿轮、变速器轴、半轴齿轮、十字轴、减速器齿轮等。部分应用如图 3-1-7 所示。

（a）十字轴　　　　　　　　　　（b）变速器齿轮与变速器轴

图 3-1-7 合金渗碳钢在汽车上的应用

3. 合金调质钢在汽车上的应用

　　合金调质钢一般指经过调质处理（淬火后高温回火）后使用的合金结构钢，其含碳量为 0.25%～0.50%，它是在调制钢中加入一定量的合金元素而形成的。40Cr 钢是合金调质钢中最常用的一种，其强度比 40 钢高 20%，并具有良好的韧性。合金调质钢主要用来制造承受较大载荷的零件，如汽车上的半轴、万向节、连杆等。

　　合金调质钢在汽车上的应用：连杆、连杆盖、半轴、万向节、转向节臂、万向节叉、进气门、离合器从动盘、减震盘等。部分应用如图 3-1-8 所示。

（a）连杆和连杆盖　　　　　　（b）转向节臂　　　　　　（c）万向节叉

图 3-1-8 合金调质钢在汽车上的应用

4. 合金弹簧钢在汽车上的应用

　　合金弹簧钢是用于制造各种弹簧的专用合金结构钢，其含碳量一般为 0.46%～

0.70％，在弹簧钢中加入合金元素形成合金弹簧钢使其零件弹性、钢的淬透性、弹性极限等都得到提高。

弹簧是汽车上的重要零件，通常一辆汽车上装有 50～60 种共 100 多件弹簧，它是利用在工作时产生的弹性变形，在各种机械中起缓和冲击和吸收振动的作用，并可利用其储存能量，使机件完成规定动作。弹簧的工作条件要求合金弹簧钢具有高的弹性极限、高疲劳强度、足够的塑性和韧性、良好的表面质量。

合金弹簧钢在汽车上的应用：气门弹簧、离合器压紧弹簧、钢板弹簧、真空助力泵复位弹簧、曲轴皮带惰轮弹簧等。

5. 滚动轴承钢在汽车上的应用

滚动轴承钢是用来制造滚动轴承内外圈和滚动体的专用钢，具有较高的硬度和耐磨性、较高的弹性极限和接触疲劳强度、足够的韧性和抗腐蚀性，令滚动轴承可以适应高而集中的交变应力以及强烈摩擦的工作环境。它的含碳量为 0.95％～1.15％。目前应用最广的是高碳铬钢。

（三）铸铁在汽车上的应用

含碳量为 2.11％～6.69％的铁碳合金称为铸铁。铸铁的抗拉强度、塑性和韧性等力学性能远不如钢，但具有优良的铸造性能、良好的切削加工性、较好的耐磨性和减震性等。因此，铸铁被广泛应用于汽车制造中，其用量占全车金属材料的一半以上。

铸铁中的碳主要以渗碳体和石墨两种形式存在，铸铁根据碳的存在形式不同可以分为灰口铸铁、球墨铸铁、可锻铸铁、蠕墨铸铁、合金铸铁。

1. 灰口铸铁在汽车上的应用

灰口铸铁是第一阶段石墨化过程充分进行而得到的铸铁，全部或大部分碳以片状石墨形态存在，断口呈灰暗色。灰口铸铁具有良好的切削加工性、较高的耐磨性、减震性和较低的缺口敏感性，且价格低廉。

灰口铸铁在汽车上的应用：飞轮（见图 3-1-9）、飞轮壳、变速器壳体、气缸体、曲轴带轮、凸轮轴正时齿轮等。

图 3-1-9 飞轮

2. 球墨铸铁在汽车上的应用

铁碳合金中的碳经过球化处理而形成球状的铸铁称为球墨铸铁。它既有能与钢媲美的力学性能，又有铸铁的特性，并且价格比钢便宜，常用来代替钢材制造曲轴、连杆、凸轮轴和轮毂等零件。

3. 合金铸铁在汽车上的应用

在灰铸铁或球墨铸铁中加入一定量的合金元素，形成具有特殊性能的铸铁称为合金铸铁。合金铸铁主要有耐磨铸铁、耐热铸铁、耐酸铸铁等，在汽车上主要用于制造活塞环、气缸套、发动机进排气门座等。部分应用如图 3-1-10 所示。

图 3-1-10 活塞环与气缸套

碳素工具钢

　　碳素工具钢的含碳量为 $0.65\%\sim1.35\%$，表面有较高的硬度和耐磨性，芯部则有较好的韧性，易于锻造成形，切削加工性也比较好。碳素工具钢的主要缺点是淬透性差，需要用水、盐水或碱水淬火，畸变和开裂倾向性大，耐磨性和热强度都很低。碳素工具钢的牌号用"T＋数字"表示，数字表示钢中平均含碳量的千分数。例如，T10 表示碳的平均质量分数为 1% 的碳素工具钢。

　　碳素工具钢在汽车上的应用比较少，一般用于制造各种刀具、工量具，如钢直尺、千分尺等。

第二节　非金属材料

　　非金属材料指工程材料中除金属材料以外的其他一切材料。非金属材料的来源非常广泛，自然资源丰富，成型工艺简单，具有一些特殊性能，是工业中必不可少的材料，在汽车上的应用逐年增长。工程上常用的非金属材料主要包括高分子材料、陶瓷材料、玻璃和复合材料。其中，高分子材料又分为工程塑料、合成纤维、橡胶、胶黏剂、涂料等。

一、塑料在汽车上的应用

　　塑料是以高分子化合物为主要成分，在一定温度和压力下可塑制成型，并在常温下保持形状不变的一类材料。除部分塑料由纯树脂组成外，大多数塑料的组成成分是合成树脂和添加剂。添加剂包括填料、增强材料、增塑剂、稳定剂、固化剂、着色剂、润滑剂、阻燃剂、发泡剂、抗静电剂、防霉剂、紫外线吸收剂等。加入添加剂是为了优化塑料的加工性能、使用性能及降低成本。

（一）塑料的性能

　　塑料具有许多优良的物理、化学和力学性能，主要如下：

　　（1）质量轻、比强度高。比强度是指单位质量的强度。塑料的强度稍比金属低，但由于塑料密度小、质量轻，用塑料制造汽车零部件，可大幅减轻汽车的整备质量，降低汽车自重，减少油耗。

　　（2）电绝缘性优良。塑料具有良好的绝缘性能，可以与陶瓷、橡胶及其他绝缘材料相媲美。

　　（3）化学稳定性好。一般的塑料对酸、碱、盐和有机溶剂都有良好的耐腐蚀性能。在腐蚀环境中工作的零件可采用塑料制作，或采用在表面喷塑的方法提高其耐腐蚀能力。

　　（4）减磨、耐磨性好。大多数的塑料摩擦系数小，有些塑料（如聚四氟乙烯）具有自润滑性，能在半干摩擦甚至完全无润滑的条件下良好地工作。因此可以用于制作齿轮、密封圈、轴承等。

（5）消声性和吸震性好。塑料轴承和齿轮在高速运转时平稳无声，大大减少了噪声和震动。其中泡沫塑料常被用作隔音材料。

（6）耐热性差。多数塑料只能在100℃以下的环境中工作，耐热性差。

（二）塑料的分类

在汽车制造领域，塑料因其多样化的性能和轻量化的优势被广泛应用，并根据用途分为内饰、工程及外装塑料。塑料在汽车上的应用，如图3-2-1所示。

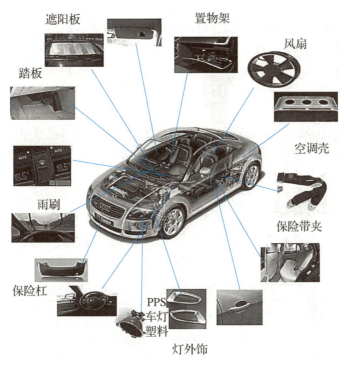

遮阳板　置物架　风扇　踏板　空调壳　雨刷　保险带夹　保险杠　PPS车灯塑料　灯外饰

图3-2-1　塑料在汽车上的应用

1. 汽车内饰塑料

内饰塑料在满足汽车安全、舒适与美观需求时扮演着关键角色。它们通常需要具备优异的吸震性以减少噪声和震动，良好的手感以提升驾驶和乘坐体验，以及足够的耐用性以应对长期使用。用于内饰的主要塑料种类包括聚氨酯（PU）、聚氯乙烯（PVC）、聚丙烯（PP）以及ABS等。这些材料广泛应用于制作坐垫、仪表板、扶手、头枕、门板装饰件、车顶内衬、地毯、方向盘等。

2. 汽车工程塑料

在汽车中，工程塑料因其高强度、抗蠕变特性和尺寸稳定性而被用作替代金属的重要材料。常见的工程塑料品种有聚丙烯（PP）、聚乙烯（PE）、聚苯乙烯（PS）、ABS、尼龙（聚酰胺）、聚甲醛、聚碳酸酯和酚醛树脂等。采用工程塑料来代替金属生产汽车配件，如采用聚乙烯（PE）制造汽油箱，不仅有助于显著减轻汽车的整体重量，还能提高防腐蚀能力，增强减震效果，抑制车内噪声，并提供耐磨性等额外优点。

3. 汽车外装塑料

汽车的外装件及结构件，如传动轴、车架、发动机罩等，要求具备高强度。因此，这些零部件多选用纤维增强塑料复合材料进行制造。通过将塑料与玻璃纤维、碳纤维等增强材料结合，实现更优的力学性能和环境适应性。这种高性能复合材料的应用是汽车工业实现轻量化设计和技术升级的关键一环。

二、橡胶在汽车上的应用

橡胶作为一种典型的高弹聚合物材料，其显著特点在于可逆形变能力卓越，在适宜的温度范围内具有出色的弹性与回弹能力，还兼具耐磨、吸震、绝缘和隔音等多种实用特性。因此，橡胶被广泛应用于诸如密封件、减震部件及传动组件等场合，是工业及日常生活中的常见弹性元器件。然而，橡胶材料也存在局限性，如容易受到老化影响，耐油性能相对较弱。

橡胶是以生胶为原料，加入适量的配合剂，经硫化以后得到的高分子弹性体。按原料来源不同，橡胶可分为天然橡胶与合成橡胶两类。天然橡胶是橡胶工业中应用最早的橡胶，主要取自橡胶树上采集的白色乳胶。天然橡胶的产量虽然逐年增长，但在数量、性能上都不能满足发展的需要，于是以石油、天然气和煤为原料的合成橡胶应运而生。合成橡胶的原料来源丰富，价格低，品种和数量较多，产量已经超过天然橡胶。

一辆汽车上的橡胶件质量占车重的 4%～5%。常用橡胶的主要特性及在汽车上的应用如表 3-2-1 所示。

表 3-2-1　常用橡胶的主要特性及在汽车上的应用

类型	代号	主要特性	应用举例
天然橡胶	NR	高弹性、耐屈挠疲劳、良好的耐磨性及抓地力、较好的电绝缘性能，但不耐油和化学介质	内饰缓冲部件、减震元器件、早期轮胎的生产
丁苯橡胶	SBR	成本较低、耐磨性能较好、对水和蒸气有较好的抵抗能力、适合低温环境，但高温性能和耐油性一般	经济型轮胎胎面胶、非关键密封件、软管
丁腈橡胶	NBR	极佳的耐油、耐脂肪烃、耐芳香烃和其他多种化学介质性能，良好的耐磨性和抗拉强度，但耐臭氧和耐候性较差	发动机密封圈、传动系统密封组件、燃油系统的 O 形圈和垫片
乙丙橡胶	EPDM	超强的耐候性（紫外线、臭氧、热老化）、极好的耐化学腐蚀（特别是酸雨和碱性物质）和电气绝缘性能，但耐油性和耐烃类溶剂差	汽车玻璃导槽密封条、冷却系统耐温软管、天窗密封

续表

类型	代号	主要特性	应用举例
氯丁橡胶	CR	耐油、耐溶剂、耐化学品性能良好，具有阻燃性、耐气候老化及优异的粘接性能，但耐寒性不足	制动系统组件、燃油系统中的垫片、部分电器设备的防护套
硅橡胶	SiR	耐高低温范围广，在−60~250℃都能保持良好的弹性和机械性能，且耐气候老化、耐臭氧、电气绝缘性能优异，但撕裂强度和耐磨性相对较低	高温发动机密封件、涡轮增压器进气管道、排气系统的隔热罩、新能源汽车动力电池内部密封
氢化丁腈橡胶	HNBR	具备丁腈橡胶的耐油性和耐化学性，并在此基础上增强了耐高温和抗压缩永久变形的能力，可用于更高要求的应用场合	高性能同步带、涡轮增压器进气管道、航空航天领域的密封制品
氟橡胶	FKM/Viton	极高的耐热性、耐油、耐燃料、耐化学试剂性能，优良的耐候性，适用于极端严苛的工作环境	制动系统高压软管、燃油系统的高性能O形圈、航空航天和核工业领域内的特殊密封件

三、陶瓷在汽车上的应用

陶瓷是以天然矿物或人工合成的各种化合物为基本原料，经粉碎、成型和高温烧结等工序制成的一种无机非金属固体材料。陶瓷不仅仅是指日用器皿的传统陶瓷材料，近年来随着陶瓷性能的不断改进，已发展成为金属材料和高分子材料以外的第三类工程材料。陶瓷具有良好的耐磨性、耐热性、耐蚀性，绝缘性好，但抗拉强度低，韧性和疲劳性能较差。

目前在汽车上应用的陶瓷材料主要有普通陶瓷、工程陶瓷和功能陶瓷。

（一）普通陶瓷

在汽车领域，普通陶瓷主要指的是耐火砖、瓷器等传统陶瓷材料。虽然这些材料在现代汽车工业中的直接应用较少，但部分汽车部件（如排气系统）中可能使用高温隔热的陶瓷衬垫或防护层，以及装饰性陶瓷元器件（如标志、内饰件等）。

（二）工程陶瓷

工程陶瓷也称为高性能陶瓷，它们具有优异的力学性能、热稳定性和化学稳定性。在汽车上，工程陶瓷的应用广泛，如氧化锆、氮化硅、碳化硅等工程陶瓷可以用于制造高负荷和高温环境下的活塞、气门、轴承等零件，以提高其耐磨性和热效率。碳陶刹车盘是工程陶瓷的重要应用之一，它由碳纤维增强碳化硅复合材料制成，具有极高的耐热和耐磨性能，尤其适合高性能跑车和赛车。

（三）功能陶瓷

功能陶瓷具备特定的功能性质，如电、磁、光、热、声等功能响应。在汽车上，功能陶瓷主要应用于传感器、电子元器件、电磁屏蔽和绝缘材料，如图 3-2-2 所示。例如，利用氧化锆、钛酸钡等压敏或温敏陶瓷制作氧传感器、温度传感器，用于监测和控制发动机燃烧过程，优化排放和燃油效率。

图 3-2-2　陶瓷在汽车上的应用——火花塞

四、玻璃在汽车上的应用

玻璃是由二氧化硅和各种金属氧化物组成的无机化合物，由石英等硅酸盐矿物材料经过配料、熔制而成。

汽车玻璃（见图 3-2-3）是汽车车身附件中必不可少的，有隔音、隔热、防护的作用。汽车玻璃主要有以下三类：夹层玻璃、钢化玻璃和区域钢化玻璃，能承受较强的冲击力。

图 3-2-3　汽车玻璃

（一）夹层玻璃

夹层玻璃又称为安全玻璃，由两层或两层以上玻璃用 PVB 胶片（一种黏合性、柔和性很强的高分子材料）黏合而成。当这种玻璃被击碎时，PVB 胶片的黏合作用使玻璃碎片只是产生辐射状的裂纹而不脱落，且玻璃保持一定的透明度让驾驶人可以处理紧急情况。国家规定前风窗玻璃必须使用夹层玻璃。

（二）钢化玻璃

钢化玻璃是普通玻璃加热到软化点之后迅速冷却而成的。钢化玻璃的抗弯强度高，冲击韧性较高，受到冲击后破裂的碎片小而不锋利，这些小碎片就是迅速冷却后形成的钢化点。但钢化玻璃在破碎前会产生许多细小的裂纹导致视线模糊，所以在汽车上侧窗玻璃和后风窗玻璃用钢化玻璃。

（三）区域钢化玻璃

区域钢化玻璃是分区域控制钢化程序的钢化玻璃。当玻璃被破坏时，不同的部分碎片大小不同，可以提供一个不妨碍驾驶的视区，但安全性不如夹层玻璃，一些中低档汽车为了控制成本就会选用区域钢化玻璃作为前风窗玻璃。

五、复合材料在汽车上的应用

复合材料是由两种或两种以上性质不同的金属材料或非金属材料通过人工复合而制成的，其中包含基体材料和增强材料。基体材料主要有合成树脂、橡胶、陶瓷、石墨和有色金属等，增强材料主要有玻璃纤维、碳纤维等。这种材料在保留了原始成分特定属性的同时，成功融合并发挥了复合后的全新性能特点。其独特之处在于可根据实际需求进行定制设计，从而更科学、更合理地满足各类使用条件与要求。

汽车上常用的复合材料主要应用于不同部位以提高车辆的性能、降低重量和增强耐用性。以下是一些在汽车制造中常见的复合材料类型。

（一）玻璃纤维增强塑料（GFRP）

GFRP，俗称玻璃钢，是一种以玻璃纤维为增强材料，以不饱和聚酯、环氧树脂或酚醛树脂为基体材料的复合材料。GFRP有良好的耐蚀性、绝缘性，隔热效果好，可塑造性强。比如，车身、顶篷等采用GFRP替代传统金属材料可以显著减轻车身重量。

（二）碳纤维增强塑料（CFRP）

CFRP是一种高性能复合材料，由碳纤维（CF）作为增强体与树脂基体（如环氧树脂、聚酰胺等）复合而成。这种材料结合了碳纤维的高强度、高模量和树脂基体的良好成型性及环境耐受性，从而具有优异的力学性能和轻量化特性。在新能源汽车中一些高档汽车会使用CFRP来制作车身面板、电池舱等关键部位，以使车辆减重从而有效增加续驶里程。GFRP在高档跑车和赛车中也有广泛应用，用于制造车身面板、底盘组件及部分结构件，能够大幅度减少车重以提升动力性能和操控性，如图3-2-4所示。

（三）热塑性复合材料（LFT)

LFT以聚丙烯（PP）、尼龙（Nylon）、ABS、PPS、TPU、POM等热塑性塑料作为基体，通过添加长纤维增强热塑性，广泛应用于内饰件、座椅骨架、发动机盖内衬及其他需要高强度和刚度的非结构性零部件。

图3-2-4 保时捷911 Turbo S GFRP车身

（四）复合橡胶材料

复合橡胶材料是一种由橡胶作为基体与增强材料（如纤维、纳米填料等）通过特殊工艺结合而成的高性能材料。这类材料结合了橡胶优良的弹性、耐磨损性、抗老化和减震性能，以及增强材料带来的高强度、高刚度和特定功能性特点。比如，现代汽车轮胎内部使用钢丝带束层作为增强材料以提供必要的强度和结构稳定性，如图3-2-5所示。

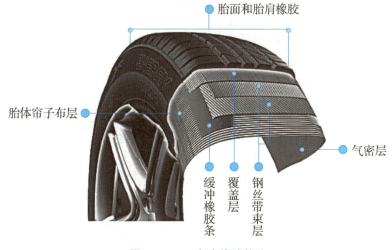

图3-2-5 复合橡胶轮胎

这些复合材料的应用有助于实现汽车行业的轻量化目标，提高燃油效率，同时还能带来更好的碰撞安全性及驾驶舒适性。随着技术的发展，复合材料在汽车领域的应用正变得越来越广泛。

鲁珀特之泪

鲁珀特之泪（Prince Rupert's Drop），又名"鲁珀特亲王之滴"，如图 3-2-6 所示，是一种具有独特力学性质的玻璃制品，其历史可追溯至 17 世纪，据传与英格兰国王查理二世的弟弟鲁珀特亲王有关，他在科学实验中发现了这一现象。这种奇特的玻璃结构是通过将熔融状态的玻璃液滴从高处自由滴入冰冷的水中迅速冷却而形成的，形状类似蝌蚪或泪珠。这些玻璃泪滴头部较大，尾部逐渐变细，整体呈现出极端的非均匀应力分布。

图 3-2-6　鲁珀特之泪

在物理特性上，鲁珀特之泪最为人称奇的一点在于其超乎寻常的强度和韧性。尽管看似脆弱，但其头部能够承受极大的冲击而不破裂，即使用铁锤敲击也难以破坏。然而，一旦破坏发生，只需轻轻捏住或破坏泪滴的细长尾部，整个泪滴会在瞬间以极高的速度沿着内部的应力线网碎裂成粉末，释放出的能量足以证明其内部蕴含的巨大应力能量。

这一独特的破碎方式展示了材料科学中应力分布和能量释放的有趣现象，常被作为材料性能和断裂力学的教学实例。鲁珀特之泪的存在不仅是一个有趣的科学谜题，也是对早期玻璃制造工艺和技术的一个见证。

第三节　新能源汽车电池材料

2023 年，中国新能源汽车市场占有率达到了 31.6%，这一数据体现了新能源汽车在整体汽车市场中的强劲增长态势和重要地位。同时，2023 年度新能源汽车产销分别完成了 958.7 万辆和 949.5 万辆，同比均有显著增长，分别为 35.8% 和 37.9% 的同比增长率。这反映出中国政府对新能源汽车产业政策的支持及市场需求的持续上升。动力电池作为新能源汽车的核心技术之一，其电池的容量、安全性、充电性能、使用成本及寿命影响消费者购买新能源汽车的意愿，而动力电池的材料特性则对以上因素起关键作用。

目前市场上的新能源汽车动力电池（见图3-3-1）都是蓄电池，大致可以分为铅酸蓄电池、磷酸铁锂电池、三元锂电池、镍氢电池。这些电池都使用液态电解质，又可以称为液态电池，其中磷酸铁锂电池和三元锂电池占据动力电池绝大部分市场份额，称为动力电池"双雄"。固态电池作为新一代电池技术，虽然商业化进程尚未大规模展开，但因其具有更高的能量密度和更优的安全性，被视为未来电动汽车动力电池的重要发展方向。

图3-3-1 新能源汽车动力电池

一、铅酸蓄电池

铅酸蓄电池（VRLA）（其结构见图3-3-2）的电极主要由铅及其氧化物制成，电解液是硫酸溶液。铅酸蓄电池在放电状态下，正极主要成分为二氧化铅（PbO_2），负极主要成分为铅（Pb）；在充电状态下，正负极的主要成分均为硫酸铅（$PbSO_4$）。一个单格铅酸电池的标称电压是2.0V，能放电到1.5V，能充电到2.4V。在传统燃油汽车中，经常用6个单格铅酸蓄电池串联起来组成标称电压为12V的铅酸蓄电池作为汽车电源，为起动机、灯光、仪表、音响等电器设备提供电能。

新能源汽车电池材料

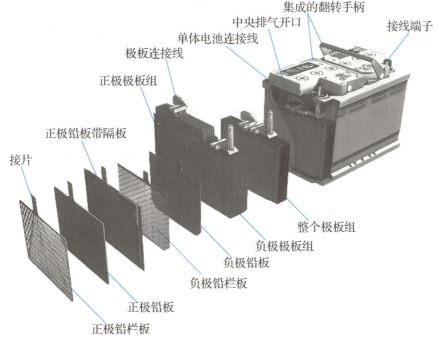

集成的翻转手柄
中央排气开口
单体电池连接线
接线端子
极板连接线
正极极板组
正极铅板带隔板
接片
整个极板组
负极极板组
负极铅板
负极铅栏板
正极铅板
正极铅栏板

图3-3-2 铅酸蓄电池结构图

这类电池具有结构简单、成本低、低温性好、性价比高、安装维护简单的优点，缺点是能量密度低、寿命短、体积大。这类电池并不适合作为动力电池，目前只有低速电动车、老年代步车等对成本要求严苛的车型才会使用铅酸蓄电池。

二、磷酸铁锂电池

磷酸铁锂电池是一种使用磷酸铁锂（$LiFePO_4$）作为正极材料，碳作为负极材料的锂离子电池，单体电池额定电压为 3.2V，充电截止电压为 $3.6\sim3.65$V。磷酸铁锂电池内部结构如图 3-3-3 所示。

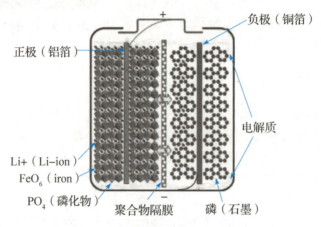

图 3-3-3　磷酸铁锂电池内部结构

充电过程中，磷酸铁锂中的部分锂离子脱出，经电解质传递到负极，嵌入负极碳材料；同时从正极释放出电子，自外电路到达负极，维持化学反应的平衡。放电过程中，锂离子自负极脱出，经电解质到达正极，同时负极释放电子，自外电路到达正极，为外界提供能量。

该电池在温度处于 $500\sim600$℃时其内部的化学成分才开始分解，并且穿刺、短路、高温都不会燃烧或爆炸，电池自燃的风险很低，安全性非常高，成本低和寿命长。其缺点一是能量密度低，续航能力要逊于三元锂电池；二是怕低温，当温度低于 -5℃时，充电效率非常低，不适合北方寒冷地区。目前采用磷酸铁锂电池的纯电动汽车有比亚迪 E6、江淮 IEV4、长安深蓝 S7 等。

目前比亚迪公司自主研发的新型磷酸铁锂电池——刀片电池，解决了能量密度低的缺点，大大提升了续航能力。

三、三元锂电池

三元锂电池是指正极材料使用镍钴锰酸锂［$Li(NiCoMn)O_2$］三元复合材料的锂电池。三元复合正极材料是以镍盐、钴盐、锰盐为原料，镍钴锰的比例可以根据实际需要调整，其中镍的主要作用是提升电池的体积能量密度，是提升续航能力的主要突破口。钴可以抑制阳离子的混排，从而起到提升稳定性和延长电池循环寿命的作用。此外，钴也决定了电池的充放电速度和效率（倍率性能）。锰或铝的作用在于降低材料成本，并且可以提高电池的安全性和稳定性。三元锂电池的工作原理如图 3-3-4 所示。

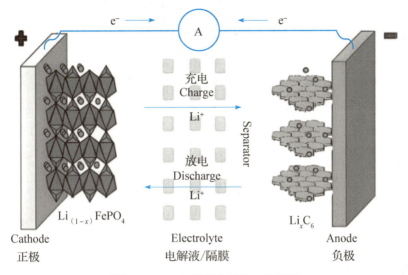

图 3-3-4 三元锂电池的工作原理

三元锂电池的优点是能量密度高，循环寿命长，低温稳定性好，缺点是高温下稳定性不足，在 200℃ 左右其内部化学成分开始分解，并且在高温作用下电解液会迅速燃烧，发生连锁反应，因此三元锂电池对散热性能的要求很苛刻，这对于 BMS（动力电池管理系统）也有更高的技术要求。

三元锂电池是一种集高能量密度和高电压于一体的储能装置，已广泛应用于移动和无线电子设备、电动工具、混合动力和电动交通工具等领域。目前，特斯拉旗下车型就采用该类电池。

四、镍氢电池

镍氢电池（其内部结构见图 3-3-5）是一种性能良好的蓄电池。镍氢电池分为高压镍氢电池和低压镍氢电池。它的正极活性物质为氢氧化镍 $[Ni(OH)_2$（又称 NiO 电极）]，负极活性物质为金属氢化物，也称为储氢合金，电解液为氢氧化钾溶液。该类型电池成本低、技术成熟、循环寿命长、耐用，缺点是能量密度低、体积大、电压低、有电池记忆效应，使用不当容易造成电容量下降。镍氢电池目前常见于丰田旗下的混合动力车型，如丰田普锐斯。

五、其他电池

（一）固态电池

锂电池主要由正极材料、负极材料、电解质、隔膜组成。电解质有液态与固态两种形式，当前广泛使用的锂离子电池主要采用液态有机溶剂电解质。目前来看，液态锂电池，无论是磷酸铁锂电池还是三元锂电池，综合性能在各种技术的加持下，都已经发挥到"极

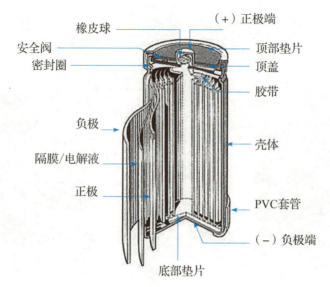

橡皮球
安全阀
密封圈
（+）正极端
顶部垫片
顶盖
胶带
负极
壳体
隔膜/电解液
正极
PVC套管
（-）负极端
底部垫片

图3-3-5　镍氢电池内部结构

限"，在技术上越来越难有新的突破。

在更高的安全性和能量密度要求下，固态电池应运而生。固态电池是一种新型电池技术，其采用具有高离子传导性和稳定性的固态电解质取代易燃、易爆的有机电解液；同时，在正、负极材料方面，固态电池可沿用液态锂电池材料体系，且升级空间更大。因此，固态电池被普遍视为下一代电池技术，成为全球相关企业竞相角逐的焦点。动力电池的未来发展趋势是：能量密度越来越高，充电速度越来越快，安全性越来越强，成本越来越低。

未来动力电池会由液态逐渐过渡到半固态，最后到固态。电池的化学性质也会由一价特性向多价转换。

（二）氢燃料电池

相比蓄电池，目前十分小众的氢燃料电池（其原理图见图3-3-6）是真正意义上"零排放"的清洁能源，它是将氢气和氧气的化学能直接转换成电能的发电装置。基本原理就是电解水的逆反应，把氢和氧分别供给阴极和阳极，氢通过阴极向外扩散和电解质发生反应后，放出电子通过外部的负载到达阳极，只会产生水和热。

氢燃料电池技术的优势不仅体现在其卓越的能量转换效率，还因其在使用过程中实现零污染排放和超低噪声水平而备受瞩目。从全球汽车产业的长远发展规划来看，氢燃料电池无疑被视为动力电池领域的一个关键性战略发展方向。例如，现代汽车公司近期发布的"2025战略"中明确指出，在大幅提升纯电动汽车销量的同时，也将着重布局氢燃料电池电动汽车市场，并将其纳入未来销售增长计划之内。同样，丰田、本田等国际知名汽车制造商也在持续加大投入，积极推动氢燃料电池技术的研发与市场化应用。

然而，尽管前景广阔，当前氢燃料电池汽车的大规模普及仍面临一系列挑战。首要问题在于氢气的有效储存与运输难题尚未得到彻底解决，它要求高度安全且经济高效的储氢技术和基础设施建设。此外，氢燃料电池系统的生产成本目前依然居高不下，这在很大程度上制约了氢燃料电池汽车市场的快速拓展与竞争力提升。

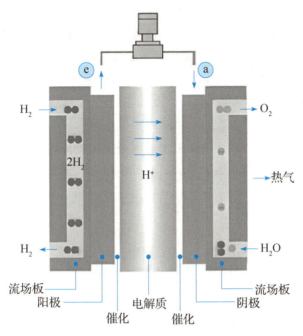

图 3 - 3 - 6　氢燃料电池原理图

枪击不起火——广汽埃安弹匣电池 2.0

　　弹匣电池是一项专门提升动力电池安全性的系统性技术，是从电芯本征安全提示，到被动安全强化，再到主动安全防控的一整套安全技术。简单来讲，弹匣电池对电芯本身并没有进行创新设计，只是一种电芯封装技术的创新。弹匣电池的四大核心包括超高耐热稳定的电芯、超强隔热的电池安全舱、极速降温的速冷系统及全时管控的第五代动力电池管理系统。

　　2023 年 3 月 30 日，埃安举行了弹匣电池 2.0 枪击试验发布会，全球首次实现电池整包枪击不起火，首次解决了多电芯瞬时短路、爆裂性破坏等极端环境下的电池安全难题。

🚗 实践出真知

实训任务一

一、实训内容

通过观察汽车说出汽车零部件都采用了哪些金属材料。

二、作业准备

1. 设备工具：汽车一辆、干净抹布、汽车发动机舱保护三件套、汽车维护四件套等。

2. 操作前明确操作方法，不盲目操作；工量具选用正确，不得暴力操作；实施作业过程中要做到 6S。

三、操作步骤

1. 对车辆进行观察。

2. 指出汽车零部件应用了哪些金属材料，并尝试说说其特性。

3. 对车辆观察过程中要注意保护车辆；举升车辆要注意安全。

实训任务二

一、实训内容

通过观察汽车说出汽车零部件都采用了哪些非金属材料。

二、作业准备

1. 设备工具：汽车一辆、干净抹布、汽车发动机舱保护三件套、汽车维护四件套等。

2. 操作前明确操作方法，不盲目操作；工量具选用正确，不得暴力操作；实施作业过程中要做到 6S。

三、操作步骤

1. 对车辆进行观察。

2. 指出汽车零部件应用了哪些非金属材料，并尝试说说其特性。

3. 对车辆观察过程中要注意保护车辆；举升车辆要注意安全。

实训任务三

一、实训内容

测试不同类型电池电压，并说一说其材料和特性。

二、作业准备

1. 设备工具：不同类型单体电池各一，万用表等。

2. 操作前明确操作方法，不盲目操作；工量具选用正确，不得暴力操作；实施作业过程中要做到 6S。

三、操作步骤

1. 观察不同类型的电池，并用万用表测量其电压。

2. 说一说电池所使用的材料及特性。

3. 在测量电池电压时要选择正确的挡位，注意操作安全。

检测评价

请根据表3-3-1完成检测评价。

表3-3-1　检测评价

考评项目	分数	自我评价	小组互评	教师评价	小计
劳动纪律	10				
沟通能力及团队协作精神	10				
活动参与度	10				
设备使用	5				
查找维修资料、文献等取得信息的能力	15				
任务完成情况	40				
6S管理执行力	10				
总分	100				
教师签名：				得分	

本章小结

　　金属可以按多种方法分类，其力学性能包括强度、塑性、硬度、冲击韧性、疲劳强度。

　　金属材料按照冶金工业分类可以分为黑色金属和有色金属，黑色金属指铁、锰、铬及其合金，一般指碳素钢、合金钢、铸铁等；有色金属则是指除黑色金属以外的其他金属及其合金，包括铝及其合金、铜及其合金等。铝合金和铜合金在新能源汽车的制造上做出了不少贡献。

　　非金属材料指工程材料中除金属材料以外的其他一切材料。汽车上常用的非金属材料有塑料、橡胶、陶瓷、玻璃等，这些材料往往都不是单一应用在汽车上，根据不同的性能组成的复合材料被更广泛地应用，用以实现汽车行业的轻量化目标，提高燃油效率，同时还能带来更好的碰撞安全性及驾驶舒适性。

　　动力电池作为新能源汽车的核心技术之一，其电池的容量、安全性、充电性能、使用成本及循环寿命影响消费者购买新能源汽车的意愿，而动力电池的材料特性则对以上因素起关键作用，其中三元锂电池和磷酸铁锂电池因其出色的性能获得汽车生产商和消费者的青睐。但目前这两种材料的电池性能依托当前的技术已经达到顶峰，为了制造性能更优的电池，科学家们预测动力电池将朝着液态电池→半固态电池→固态电池的方向发展。

同步练习

一、填空题

1. 铜合金有_____和_____两类，黄铜又可以分为普通黄铜和_____。

2. 黑色金属主要由_____元素组成，当含碳量不大于_____时，称为钢；当含碳量大于_____时，称为铸铁。

3. 动力电池可以分为铅酸蓄电池、_____、三元锂电池、_____。

4. 工程上常用的非金属材料包括_____和_____。

5. 增强非金属复合材料在汽车领域的应用，如碳纤维增强塑料（CFRP）在新能源汽车中的使用，可以显著减轻汽车整体重量，从而提高其_____。

二、选择题

1. 塑料的性能特点包括（　　）。

A. 导热性好

B. 耐热性差，易老化

C. 质量小，强度低

2. 磷酸铁锂电池的单体额定电压为（　　）。

A. 4V　　　　　　　B. 3.2V　　　　　　　C. 2V

3. 各国规定汽车前风窗玻璃必须使用（　　）。

A. 夹层玻璃　　　　　B. 钢化玻璃　　　　　C. 普通平板玻璃

三、判断题

1. 锂离子电池是目前新能源汽车主流的动力电池，其中正极材料有磷酸铁锂（$LiFePO_4$）和三元材料（NCM或NCA）等，负极材料主要为石墨，电解质多为锂盐溶液。　　（　　）

2. 在汽车制造中，铝合金因其密度小、强度高而被广泛用于车身结构件，以实现轻量化设计。　　（　　）

3. 塑料是汽车非金属材料的一种，它不能应用于汽车发动机周边耐高温部件，只适用于内饰和外饰等低温环境应用。　　（　　）

4. 高强度钢由于其高强度和良好的碰撞吸能特性，在现代汽车车身安全结构中扮演着重要角色。　　（　　）

5. 陶瓷复合材料作为一种非金属材料，在汽车制动系统中作为刹车盘使用，可以显著提高制动性能和耐磨性。　　（　　）

四、问答题

1. 汽车常用的非金属材料有哪些？具备什么性能？

2. 什么是复合材料？

3. 什么是铸铁？铸铁具有哪些特性？铸铁如何分类？

4. 汽车上常用的有色金属有哪些？

5. 金属的力学性能包括哪些？

第四章

汽车常用机构

学习目标

知识目标：

1. 了解平面连杆机构的概念、运动副的概念及分类。
2. 了解平面机构的自由度，熟悉平面机构具有确定运动的条件。
3. 熟悉铰链四杆机构的组成、基本类型及在汽车上的应用，掌握铰链四杆机构基本类型的判别方法。
4. 了解凸轮机构的概念、组成、特点及分类，熟悉凸轮机构在汽车上的应用。
5. 了解间歇运动机构的组成、特点及工作原理，熟悉这些常用间歇运动机构在汽车上的应用。

能力目标：

1. 能找出并分析汽车上常见的平面连杆机构。
2. 能正确拆卸汽车前后窗的雨刮器，并分析其结构特点和工作原理。
3. 能正确拆装5A-FE发动机配气机构中的进气凸轮轴。
4. 能正确分析汽车驻车制动系统的结构特点及工作原理。

素养目标：

1. 培养文明规范的操作习惯。
2. 培养6S管理执行力。

建议学时

12个学时。

课程导入

机构是机器的重要组成部件，也是机器用来完成某些具体工作的基本单元。机构由若干具有确定相对运动的实体组成，其基本功用是传递运动、力或转换运动形式。汽车的正常工作需要各种机构来实现特定形式的运动。例如，汽车前后窗雨刮器中的平面四杆机构，将电动机的旋转运动转变为刮臂的往复摆动，以清洁车窗玻璃。下面我们将共同学习这些机构的组成、特点、基本原理及在汽车上的应用。

第一节　平面四杆机构

机构中具有确定相对运动的实体称为构件。机构是由若干构件组成的，各构件间的相对运动均在同一平面或在相互平行的平面内的机构称为平面机构。若组成该平面机构的构件间只能发生相对转动或相对滑动，这样的机构称为平面连杆机构。平面连杆机构在机械工程、电子技术、物流设备等工业领域中有着广泛的应用。

连杆机构中的构件称为杆，通常平面连杆机构以其所含杆的数量来命名，如平面四杆机构、平面五杆机构等，五杆或五杆以上的平面连杆机构称为多杆机构。平面四杆机构是结构最简单、应用最广泛的平面连杆机构。

在认识平面四杆机构的组成及运动特点之前，要先弄清楚各构件之间是如何连接的，这就需要我们先学习运动副的概念。

一、运动副

（一）运动副的概念

机构是具有确定相对运动的构件的组合体。为了传递运动和力，需要以一定方式将各个构件彼此连接起来，这种连接既要对彼此连接的两构件的运动加以限制，使得构件间不发生各自独立的自由运动，又要允许它们之间能产生一定的相对运动。

这种允许两构件之间直接接触并能产生一定相对运动的活动连接称为运动副。两构件上参与接触而构成运动副的点、线、面等元素被称为运动副元素。

（二）运动副的分类

根据组成运动副的两构件之间的相对运动类型，可把运动副分为平面运动副和空间运动副。在一般机器中，最常见的为平面运动副。根据两构件的接触形式，平面运动副可分为低副和高副两大类。

1. 低副

两构件之间通过面接触组成的运动副称为低副，也称为铰链，如图 4-1-1 所示。根据组成低副的两构件间的相对运动形式不同，低副又可分为转动副和移动副。

（1）转动副。若组成运动副的两构件之间只能在平面内做相对转动，则这种运动副称为转动副，如图 4-1-1（a）所示。例如，汽车发动机中曲轴与连杆、活塞与连杆之间的连接均为转动副连接。

（2）移动副。若组成运动副的两构件之间只能做相对直线移动，则这种运动副称为移动副，如图 4-1-1（b）所示。例如，汽车发动机中活塞与气缸体、载重汽车中液压杆与液压缸之间的连接均为移动副连接。

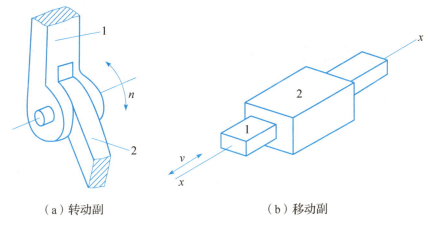

（a）转动副　　　　　　　　（b）移动副

图 4-1-1　低副

2. 高副

两构件之间通过点或线接触组成的运动副称为高副。如图 4-1-2 所示，车轮 1 与钢轨 2、凸轮 1 与从动件 2（凸轮副）、啮合的两个轮齿 1 和 2（齿轮副）之间的连接均为高副连接。由于高副是点或线接触，所以可实现多种形式的运动规律，传递较复杂的运动；但接触处的压强大，易磨损，承载能力差，制造和维修困难。

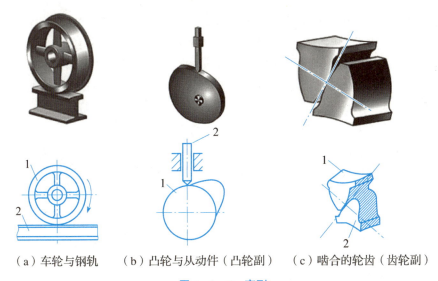

（a）车轮与钢轨　　（b）凸轮与从动件（凸轮副）　　（c）啮合的轮齿（齿轮副）

图 4-1-2　高副

若机构中所有的运动副均为低副，则该机构称为低副机构；若机构中至少有一个运动副是高副，则该机构称为高副机构。

此外，常见的运动副还有螺旋副和球面副，分别如图 4-1-3（a）和图 4-1-3（b）所示。由于它们都属于空间运动副，故不多讨论。

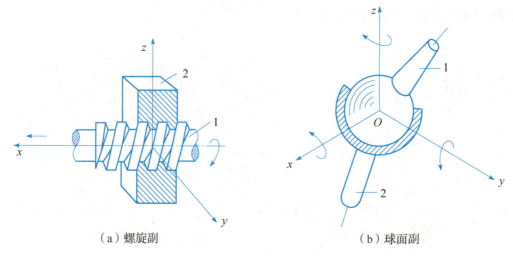

（a）螺旋副   （b）球面副

图 4 - 1 - 3　螺旋副与球面副

二、平面机构的运动简图

（一）机构中构件的分类

根据机构运动时构件的运动情况不同，可将构件分为机架、主动件和从动件三类。

1. 机架

机构中固定不动或相对固定位置不发生变化的构件称为机架，如机床床身、汽车底盘、飞机机身等，用于支承机构中的可动构件（相对于机架运动的构件）。通常以机架作为参考坐标系，来分析研究其他可动构件的运动特性。在机构运动简图中，机架的表示方法是在代表机架的杆件上绘制若干条均匀的短斜线，如图 4 - 1 - 4 中的构件 4。

2. 主动件

机构中接受外部给定运动规律的，作用有驱动力或驱动力矩的可动构件称为主动件或原动件，是机构中输入运动或动力的构件，一般与机架相连。在机构运动简图中，常用带箭头的构件表示主动件，如图 4 - 1 - 4 中的构件 1。

3. 从动件

机构中除主动件以外，随着主动件运动而运动的其余可动构件称为从动件。从动件的运动规律取决于主动件的运动规律和机构的组成，如图 4 - 1 - 4 中的构件 2、3。

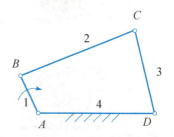

图 4 - 1 - 4　机构中的构件

由此可知，机构可由机架、主动件及所有的从动件组成。同一机构中，在不同情况下，某些构件既可作为主动件，又可作为从动件。例如，在发动机起动时，曲轴为主动件，连杆与活塞即为从动件；当发动机工作时，活塞为主动件，连杆与曲轴即为从动件。

（二）机构运动简图的概念

工程实际中的机构一般由外形和结构都比较复杂的构件组成，机构的运动特性只与构件的数目、运动副的数目和类型以及它们之间的相对位置有关，而与构件的形状、组成构件的零件数目和运动副的具体构造及组成材料等因素无关。

因此，在分析现有机构或设计新机构时，为了更加直观地表示机构的运动情况，便于进行运动和动力分析，可按一定的比例尺确定各运动副之间的相对位置，并用国家标准规定的简单符号及线条代表运动副和构件，由此绘制出的图形称为机构运动简图。颚式破碎机结构示意图及机构运动简图，如图 4-1-5 所示。

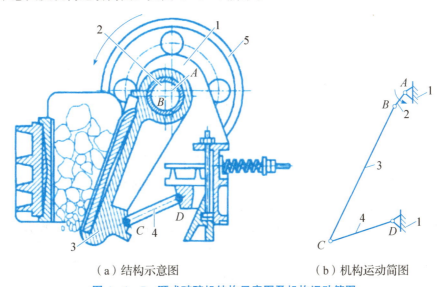

（a）结构示意图　　　　　　　　（b）机构运动简图

图 4-1-5　颚式破碎机结构示意图及机构运动简图

1—机架；2—偏心轴；3—活动颚板；4—肘板；5—皮带轮

颚式破碎机的机构运动分析：运动由皮带轮 5 输入，通过偏心轴 2 带动活动颚板 3 及肘板 4 运动，构件 1 为机架，起支撑作用。在结构上，皮带轮 5 和偏心轴 2 可以看作一个构件，其作用是将外部输入的旋转运动转变成偏心轴 2 绕 A 点的旋转运动。活动颚板 3 工作时可绕偏心轴 2 的几何中心 B 点做相对转动，肘板 4 在 C、D 两点分别与活动颚板 3 及机架通过铰链连接。

（三）机构运动简图的表示符号

1. 运动副的表示符号

（1）转动副。转动副一般用一个小圆圈来表示，圆圈的圆心表示两构件相对转动的轴线，表示符号画法如图 4-1-6 所示。图 4-1-6（a）中的构件 1、2 均为活动构件，这种转动副又称为活动铰链；图 4-1-6（b）中的构件 1 带斜线表示机架，处于固定状态，构件 2 为活动构件，这种转动副又称为固定铰链；图 4-1-6（c）为相对转动的轴线不垂直于纸面时的画法。

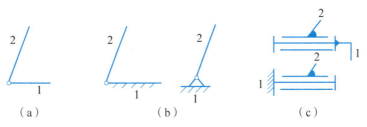

（a）　　　　　　　（b）　　　　　　　（c）

图 4-1-6　转动副的表示符号画法

（2）移动副。移动副表示滑块在直线或槽中移动，其导路与构件的相对移动方向一致，表示符号画法如图 4-1-7 所示。图 4-1-7（a）为两构件均可运动的移动副；图 4-1-7（b）为有一个构件被固定的移动副。

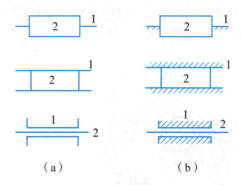

图 4-1-7 移动副的表示符号画法

（3）平面高副。平面高副一般用两构件接触时的轮廓曲线来表示，表示符号画法如图 4-1-8 所示。对于凸轮副，习惯画出其全部轮廓，如图 4-1-8（a）所示；对于齿轮副，常用啮合时轮齿的轮廓或两个相切的节圆来表示，如图 4-1-8（b）所示。

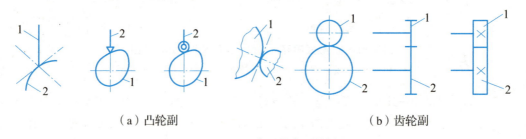

（a）凸轮副   （b）齿轮副

图 4-1-8 平面高副的表示符号画法

2. 构件的表示符号

绘制构件时，通常将该构件参与构成的运动副按照它们的位置用符号表示出来，再用简单的线条连接起来，表示符号画法如图 4-1-9 所示。图 4-1-9（a）为带有两个运动副的构件；图 4-1-9（b）为带有三个运动副的构件。

（a）带有两个运动副的构件　　（b）带有三个运动副的构件

图 4-1-9 构件的表示符号画法

（四）机构运动简图的绘制

利用上述各种运动副和构件的表示符号，即可绘制机构运动简图。下面以内燃机为例，说明其机构运动简图的绘制方法。

内燃机的结构组成如图 4-1-10（a）所示。经过观察分析，可知内燃机由曲柄连杆机构、凸轮机构和齿轮机构等组成，其机构运动简图的绘制步骤如下。

1. 分析机构的组成，确定构件的类型和数目

（1）曲柄连杆机构：活塞 1 为主动件，连杆 2、曲轴 3 为从动件，气缸体 8 为机架。

（2）齿轮机构：与曲轴固连的齿轮 4 为主动件，齿轮 5 为从动件，气缸体 8 为机架。

（3）凸轮机构：与齿轮 5 固连的凸轮 6 为主动件，气门顶杆 7 为从动件，气缸体 8 为机架。

以上组成内燃机的三个机构因其运动平面平行，故可视为一个平面机构。此机构共有 6 个构件（齿轮 4 与曲轴 3、齿轮 5 与凸轮 6 皆因分别固定连接，可各视为 1 个构件），其中可动构件为 5 个，机架为 1 个，活塞为主动件，其余构件为从动件。

2. 从主动件开始，依次分析构件间的相对运动形式，确定运动副的类型和数目

根据组成运动副构件的相对运动关系可知，活塞 1 与气缸体 8 组成移动副；活塞 1 与连杆 2 组成转动副；连杆 2 与曲轴 3 组成转动副；曲轴 3 与齿轮 4 固连成一个构件，它与气缸体 8 组成一个转动副；凸轮 6 与齿轮 5 固连成一个构件，它与气缸体 8 组成一个转动副；而齿轮 4 与齿轮 5 组成齿轮副，凸轮 6 与气门顶杆 7 组成凸轮副，它们都是高副；气门顶杆 7 与气缸体 8 组成移动副。

所以内燃机的主体机构共有 8 个运动副，其中移动副 2 个，转动副 4 个，高副 2 个。

3. 选择适当的视图平面和主动件位置，通常选择与构件运动平行的平面作为投影面

因为内燃机的整个主体机构为平面机构，所以取连杆的运动平面作为投影面。

4. 选择适当的比例尺，按照各运动副间的距离和相对位置，以规定的线条和符号进行绘制

三个机构皆选定相同比例尺，确定各运动副的位置，然后用规定的构件和运动副符号绘出机构运动简图，如图 4-1-10（b）所示。

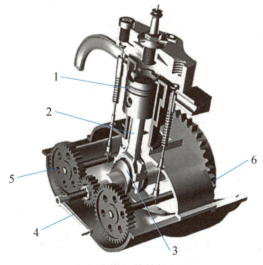

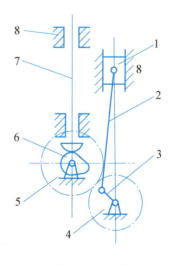

（a）内燃机的结构组成　　　　　　（b）机构运动简图

图 4-1-10　内燃机的结构组成及机构运动简图

1—活塞；2—连杆；3—曲轴；4、5—齿轮；6—凸轮；7—气门顶杆；8—气缸体

三、平面机构的自由度

若要判定几个构件通过运动副连接而成的机构是否具有确定的运动，就必须研究平面机构的自由度。

（一）自由度和约束

1. 构件的自由度

构件的自由度是指构件可以进行的独立运动的数目。如图 4-1-11（a）所示，一个在平面 xOy 内自由运动的构件，它除了能沿 x 轴和 y 轴方向自由移动外，还可以绕垂直于平面 xOy 的 z 轴转动，因此，一个在平面自由运动的构件具有 3 个自由度。在力学里，自由度指力学系统的独立坐标的个数，可用图示的三个独立的运动参数 x、y、θ 表示。

2. 平面运动副的约束

若将 A 点与地面铰接，形成转动副，如图 4-1-11（b）所示，则该构件在 x 轴方向和 y 轴方向的移动受到了限制，只能绕 A 点在平面 xOy 内转动，自由度由 3 变成 1。因此，在引入运动副后，构件的自由运动将受到限制，通常把对构件运动的限制称为约束。

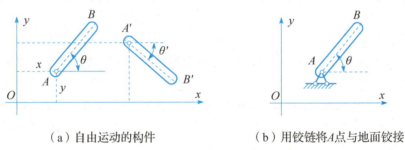

（a）自由运动的构件　　　　　（b）用铰链将 A 点与地面铰接

图 4-1-11　构件的自由度和约束

在平面机构中，每个低副（转动副、移动副）引入 2 个约束，使构件失去 2 个自由度，只保留 1 个自由度；而每个高副（凸轮副、齿轮副）引入 1 个约束，使构件失去 1 个自由度，只保留 2 个自由度。

仰望星空　挺立中华

空间站的"变形金刚"——天和机械臂

2021 年 4 月，伴随着天和核心舱发射，天和机械臂在轨展开，开始了它神圣的使命和工作，同时也标志着我国空间站建造进入全面实施阶段。

天和机械臂重 0.74t，是一款模仿人类手臂的七自由度机械臂。它具有七自由度的活动能力，通过各个关节的旋转，能够实现自身前、后、左、右任意角度与位置的抓取和操作，能真实模拟人类手臂的灵活转动。

天和机械臂由两根臂杆组成，两根臂杆的展开长度为 10.2m，可联合动作也可单根臂杆独立工作。同时，天和机械臂配套了两个末端执行器、一套视觉相机系统和一套总控制器，总重量不到 800kg，而其末端在轨最大承载能力却达到了惊人的 25t。

天和机械臂不仅拥有舱体表面爬行、舱外状态监视、舱段转位、双臂级联、载荷照料、捕获悬停飞行器、开展空间站在轨建造任务等能力，还能辅助航天员出舱，执行舱外活动任务，简称EVA。在天和机械臂末端可以对接脚限位器，航天员出舱后站在脚限位器上，机械臂就可以安全平稳地把他们送到目标位置，实现航天员的大范围转移，进而辅助航天员执行EVA任务。

　　在天和机械臂帅气完美演出的幕后，包含着我国自主研发团队过去十余载的栉风沐雨和砥砺前行。探索浩瀚宇宙，发展航天事业，建设航天强国，是我们不懈追求的航天梦！

（二）平面机构具有确定运动的条件

　　平面机构具有确定运动，是指机构中所有的从动件，在主动件的驱动下，都能按照一定的规律运动，在任意瞬间其位置都是完全确定的。由上述可知，机构的自由度数目表明机构可以进行的独立运动的数目。换言之，机构要运动，自由度必须大于零，而机构中主动件对于机架只有一个独立运动。因此，平面机构具有确定运动的条件是该机构的自由度$F>0$，并且主动件的数目与机构的自由度数目相等。

四、平面四杆机构与铰链四杆机构

（一）平面四杆机构的概念及特点

1. 基本概念

　　各构件间的相对运动均在同一平面或在相互平行的平面内的机构称为平面机构。若组成该平面机构的构件全部用低副连接，则这样的机构称为平面连杆机构，因此平面连杆机构又称为低副机构。

　　平面四杆机构是指由四个杆件组成的平面连杆机构，是结构最简单、应用最广泛的平面连杆机构。平面四杆机构可分为铰链四杆机构和滑块四杆机构两大类。前者是平面四杆机构的基本形式，后者是由前者演化而来。

2. 主要特点

　　在平面四杆机构中，各构件组成的运动副为转动副或移动副，其主要特点如下：

　　（1）各构件以低副连接，接触面的压强小，容易进行润滑，机构的磨损较小，因此寿命较长。

　　（2）接触面为平面或者圆柱面，结构简单，制造方便，加工精度高。

　　（3）可进行远距离操纵控制，能实现多样化的运动轨迹及运动规律，在汽车领域有着广泛的应用，如汽车发动机曲柄连杆机构、汽车雨刮器及汽车转向机构等。

　　（4）低副接触面之间存在间隙，会在机构工作过程中产生不可避免的误差，产生的惯性力难以平衡，降低了传动精度，且连杆机构的设计和计算比较复杂，难以精确地实现复杂运动，不适用于高速的场合。

（二）铰链四杆机构

1. 铰链四杆机构的基本类型及应用

平面四杆机构

若平面四杆机构中，各构件间均为转动副连接，则称为铰链四杆机构，如图 4-1-12 所示。在此机构中，与机架 4 相连的构件 1、构件 3 称为连架杆，能绕机架做整周转动的连架杆称为曲柄，只能绕机架在小于 360°的范围内做往复摆动的连架杆则称为摇杆。与连架杆相连的构件 2 称为连杆。

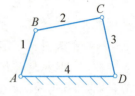

图 4-1-12　铰链四杆机构

根据连架杆是曲柄还是摇杆，铰链四杆机构可分为曲柄摇杆机构、双曲柄机构和双摇杆机构。

（1）曲柄摇杆机构。

在铰链四杆机构中，若两个连架杆一个为曲柄，另一个为摇杆，则这种机构称为曲柄摇杆机构，如图 4-1-13 所示。其作用是将曲柄的整周转动转变为摇杆的往复摆动。

这种机构大多以曲柄为主动件，如图 4-1-14（a）的雷达天线俯仰角调整机构。当主动曲柄 1 做整周转动时，带动与天线固接的从动摇杆 3 做往复摆动，从而达到调节天线俯仰角的目的。

在曲柄摇杆机构中，也有以摇杆为从动件的情况，如图 4-1-14（b）所示的脚踏砂轮机构和如图 4-1-14（c）所示的缝纫机踏板机构。

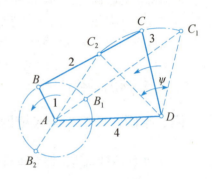

图 4-1-13　曲柄摇杆机构

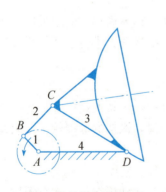

（a）雷达天线俯仰角调整机构

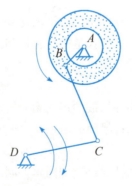

（b）脚踏砂轮机构

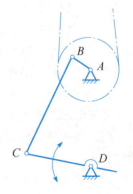

（c）缝纫机踏板机构

图 4-1-14　曲柄摇杆机构的应用

（2）双曲柄机构。

在铰链四杆机构中，若两个连架杆均为曲柄，则这种机构称为双曲柄机构，如图 4-1-15 所示。其作用是将主动曲柄的等速转动转变为从动曲柄的等速或变速转动。

图4-1-16所示的惯性筛中的四杆机构，是双曲柄机构的应用实例。当主动曲柄1做等速转动，通过连杆2带动从动曲柄3做变速转动时，通过 E 点的连接，使滑块6上的筛子做往复直线运动，筛子上的物料由于惯性而来回抖动，从而达到筛分物料的目的。

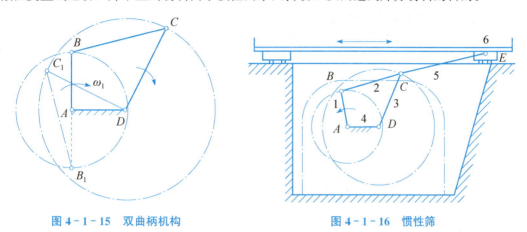

图4-1-15 双曲柄机构 　　　　　　图4-1-16 惯性筛

在双曲柄机构中，若连架与机架长度相等，且两个曲柄的长度也相等，则该双曲柄机构又称为平行四边形机构。当两曲柄转向相同时，它们的角速度始终相等，连杆也始终与机架平行，称为正平行四边形机构，如图4-1-17（a）所示。图4-1-17（b）所示为平行四边形机构在机车中的应用，即机车车轮联动机构。当两曲柄转向相反时，它们的角速度不等，称为反平行四边形机构，如图4-1-18（a）所示。图4-1-18（b）所示的公共汽车车门启闭机构中，两扇车门分别固连在曲柄 AB 和 CD 上，车门启闭机构利用反平行四边形机构使两扇门朝相反方向转动，从而保证两扇门能同时开启或关闭。考虑到开关门的特点，两曲柄不需要转过整周，一般转过约90°。

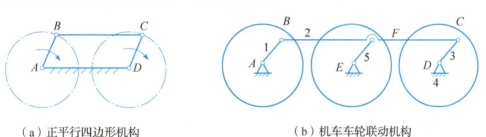

（a）正平行四边形机构　　　　　　（b）机车车轮联动机构

图4-1-17 正平行四边形机构及应用

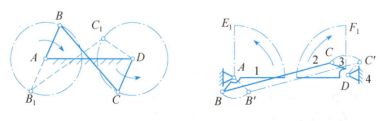

（a）反平行四边形机构　　　　　　（b）公共汽车车门启闭机构

图4-1-18 反平行四边形机构及应用

在图 4-1-17（b）所示的机车车轮联动机构中含有一个虚约束，目的是防止曲柄与机架共线时机构运动的不确定性。若把该虚约束去掉，则得到如图 4-1-19 所示的平行四边形机构，在曲柄与机架共线时，B 点转到 B_1 位置，C 点转到 C_1 位置，当主动曲柄 1 继续转到 B_2 位置时，从动曲柄 3 则可能继续转到 C_2 位置，也可能反转到 C' 位

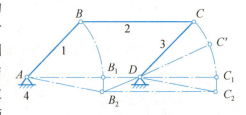

图 4-1-19　平行四边形机构的不确定性

置，这种现象叫平行四边形机构的不确定性。为了克服这种不确定现象，可以对从动曲柄施加外力，或利用飞轮及构件本身的惯性作用，也可以采用辅助曲柄等措施。

（3）双摇杆机构。

铰链四杆机构中，若两个连架杆均为摇杆，则这种机构称为双摇杆机构，如图 4-1-20（a）所示。其作用是将主动摇杆的往复摆动转变为从动摇杆的往复摆动。当连杆与摇杆共线时，在双摇杆机构的两个极限位置 B_1C_1D 和 C_2B_2A。

双摇杆机构常应用于操纵机构、仪表机构中。图 4-1-20（b）所示的港口鹤式起重机，当主动摇杆 CD 摆动时，摇杆 AB 跟着摆动，带动吊在连杆 BC 上 E 点的重物做近似水平直线移动，从而避免在移动重物时由于不必要的升降而增加额外的能量消耗。

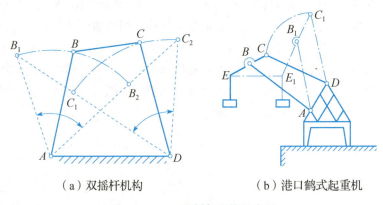

（a）双摇杆机构　　　　　（b）港口鹤式起重机

图 4-1-20　双摇杆机构及应用

2. 铰链四杆机构基本类型的判别

上述铰链四杆机构是根据机构中曲柄的数目来分类的，因此要判别铰链四杆机构的类型，必须先判断机构中是否存在曲柄。必须同时满足下列两个条件，铰链四杆机构中才会有曲柄的存在：

（1）最短杆与最长杆的长度之和小于或等于其余两杆长度之和。

（2）连架杆与机架中必有一个是最短杆。

当满足以上条件时，还需要根据机架的位置分情况讨论：

（1）取最短杆的相邻杆为机架时，该机构为曲柄摇杆机构。

（2）取最短杆为机架时，该机构为双曲柄机构。

（3）取与最短杆相对的杆件为机架时，得到双摇杆机构。

当不满足以上条件时，说明机构中不存在曲柄，那么不管取哪个构件为机架，该机

都一定为双摇杆机构。

（三）铰链四杆机构的演化

铰链四杆机构是平面连杆机构最基本的形式，在实际机械中，平面连杆机构的形式是多种多样的，但其中绝大多数都是在铰链四杆机构的基础上，通过改变杆长、将转动副替换为移动副或改变机架等方法发展和演化而成。常见的演化机构有曲柄滑块机构、导杆机构、移动导杆机构和曲柄摇块机构等。

1. 曲柄滑块机构

在图 4-1-21（a）所示的曲柄摇杆机构中，当曲柄 1 绕 A 点转动时，摇杆 3 上 C 点的轨迹为一段圆弧。摇杆长度越长，C 点的轨迹圆弧就越平直。当摇杆长度增加到无穷大时，C 点的轨迹就变成一条直线。这时可以用滑块代替摇杆，转动副 D 将演化为移动副，所得机构称为曲柄滑块机构，如图 4-1-21（b）所示。

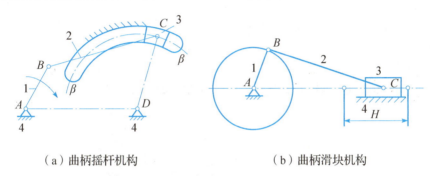

（a）曲柄摇杆机构　　　　　　　　　　（b）曲柄滑块机构

图 4-1-21　曲柄摇杆机构与曲柄滑块机构

曲柄滑块机构在汽车领域有着广泛的应用，如汽车发动机的活塞连杆机构、车载空调压缩机等。

2. 导杆机构

若将与滑块相对的构件 1 固定为机架，此时滑块 3 可相对构件 4 滑动并一起绕 A 点转动，构件 4 称为导杆，所得机构为导杆机构。当机架 1 的长度小于构件 2 时，构件 2 和导杆 4 均能做整周转动，此机构称为转动导杆机构，如图 4-1-22 所示。小型刨床就是转动导杆机构的应用实例。

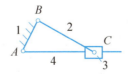

图 4-1-22　转动导杆机构

3. 移动导杆机构

若将滑块 3 固定为机架，此时导杆 4 可相对滑块做往复移动，所得机构为移动导杆机构，也叫定块机构，如图 4-1-23（a）所示。图 4-1-23（b）中的抽水唧筒就是移动导杆机构的应用实例，其中，活塞由提手 AB 带动在唧筒中上下往复移动。

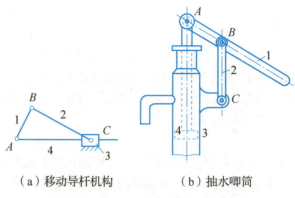

（a）移动导杆机构　　　　（b）抽水唧筒

图 4－1－23　移动导杆机构及应用

4. 曲柄摇块机构

若将与滑块相连的构件 2 固定为机架，此时构件 1 可绕机架做整周转动，滑块 3 可绕机架上 C 点做往复摆动，所得机构为曲柄摇块机构，如图 4－1－24（a）所示。图 4－1－24（b）中的货车自动卸货机构就是摇块机构的应用实例，其中，活塞杆 2 在液压缸 3（相当于摇块）中往复移动，推动车厢 1 绕车身的 C 点转动，从而达到自动卸货的目的。

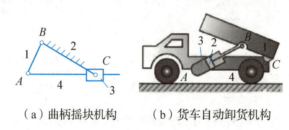

（a）曲柄摇块机构　　　　（b）货车自动卸货机构

图 4－1－24　曲柄摇块机构及应用

（四）平面四杆机构的运动特性

1. 急回特性

在图 4－1－25 所示的曲柄摇杆机构中，其曲柄 AB 在转动一周的过程中，有两次与连杆 BC 共线，摇杆 CD 分别到达极限位置 C_1D 和 C_2D。摇杆在两极限位置间的夹角称为摇杆的摆角，用 ψ 表示。摇杆 CD 处于两个极限位置时，曲柄相应的两个位置 AB_1、AB_2 所夹的锐角称为极位夹角，用 θ 表示。

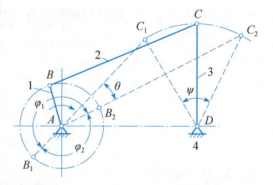

曲柄摇块机构运动过程中，从动件摇杆的往返摆动行程和往返速度是不一样的，返程比往程要快，曲柄摇杆机构的这种运动特性称为急回特性。

图 4－1－25　曲柄摇杆机构的急回特性

除曲柄摇杆机构外，具有急回运动特性的四杆机构还有曲柄滑块机构和曲柄摆动导杆机构。在牛头刨床、插床等机械设备中，通常利用机构的急回特性来缩短空回行程的时间，以提高生产加工效率。

2. 压力角和传动角

作用于从动件上的力与该力作用点的速度方向所夹的锐角 α 称为压力角，压力角的余角 γ 称为传动角，如图 4-1-26 所示。压力角 α 越小，传动角 γ 越大，机构的传力性能越好。因此，压力角 α 和传动角 γ 是判断机构传力性能的重要参数。

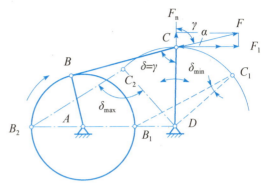

图 4-1-26 压力角和传动角

3. 死点位置

在图 4-1-27 所示的曲柄摇杆机构中，若摇杆为主动件，则当摇杆处于两个极限位置 C_1D、C_2D 时，连杆 BC 均与曲柄共线。这时，主动摇杆 CD 通过连杆作用于从动曲柄 AB 上的力，恰好通过曲柄的回转中心 A，此时机构的传动角 $\gamma = 0°$，压力角 $\alpha = 90°$，所以理论上（在不计构件的重力、惯性力和运动副中摩擦阻力的条件下）不论用多大的力，都不能使曲柄转动，出现"卡死"或运动方向不确定的现象。机构的这种位置称为死点位置。机构是否存在死点位置，取决于连杆是否与从动件共线。

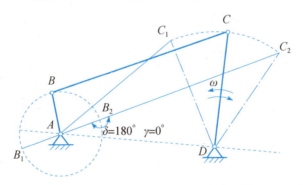

图 4-1-27 曲柄摇杆机构的死点位置

为克服死点对传动的不利影响，可以通过对从动曲柄施加外力、加飞轮或利用构件自身重量以增大从动件的惯性作用及采用机构错位排列的方法使机构顺利通过死点位置。

拓 展 提 升

图 4-1-28 所示的汽车转向机构是双摇杆机构在汽车上的典型应用，该机构两个摇杆长度相等，故又称为等腰梯形机构。在此机构中，两个前轮分别固连在摇杆 AB 和 CD 上，可以在一定角度范围内摆动，且两个前轮的轴线与后轮轴线汇交于一点 P，可以保证转向时车轮做纯滚动，从而避免由于滑动摩擦而引起的轮胎磨损。请你观察并学习汽车转向机构的工作原理。

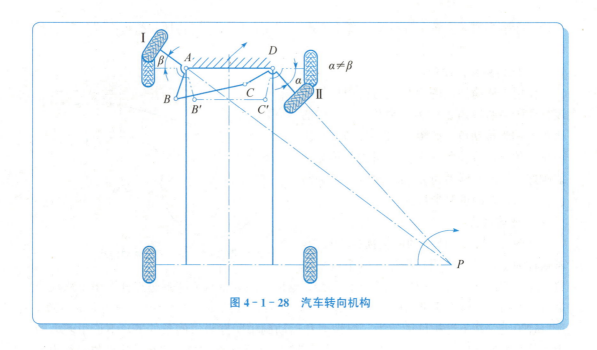

图 4 - 1 - 28　汽车转向机构

第二节　凸轮机构

一、凸轮机构的概念及特点

凸轮机构是由主动件凸轮、从动件摆杆（或推杆）和支撑它们的机架组成的高副机构。其中，凸轮是一个具有特殊曲线轮廓或凹槽的构件，当它运动时，通过其上的曲线轮廓与从动件的高副接触，使从动件获得预期的运动规律，因此凸轮通常为主动件。它具有以下特点：

（1）结构简单紧凑，设计方便，可以准确地实现预定的运动规律。

（2）凸轮与从动件之间为点或者线接触，属于高副，润滑不便，容易磨损。

（3）凸轮机构一般用于传递动力不大的场合。

二、凸轮机构的分类

凸轮机构的类型有很多，一般按凸轮的形状和从动件的形式进行分类。

（一）按凸轮的形状分类

1. 盘形凸轮机构

如图 4 - 2 - 1（a）所示，盘形凸轮机构具有变化向径且能绕固定轴转动的盘形零件，能使从动件在垂直于凸轮轴线上做往复直线运动。它是最基本的凸轮形式，结构简单，应用广泛，适用于从动件行程较短的场合。

2. 移动凸轮机构

如图 4-2-1（b）所示，移动凸轮机构相当于回转中心趋于无穷远时的盘形凸轮机构，外形呈板状，工作时相对机架做往复直线运动，从动件也在同一平面内做往复运动。

3. 圆柱凸轮机构

如图 4-2-1（c）所示，圆柱凸轮机构相当于将移动凸轮机构卷成圆柱形，其轮廓曲线位于圆柱面上，它与从动件之间的运动为空间运动，可用于从动件行程较长的传动机构中。

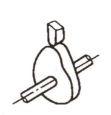 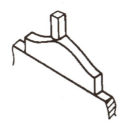 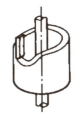

（a）盘形凸轮机构　　　　（b）移动凸轮机构　　　　（c）圆柱凸轮机构

图 4-2-1　按凸轮的形状分类

（二）按从动件的形式分类

1. 尖顶从动件凸轮机构

如图 4-2-2（a）所示，尖顶从动件的顶部十分尖锐，能够与各种轮廓形状的凸轮保持接触，可实现任意规律的运动，尖顶从动件虽然结构简单，但容易磨损，故只适用于低速、传力不大的场合。

2. 滚子从动件凸轮机构

如图 4-2-2（b）所示，从动件顶端通过滚子与凸轮接触，由于滚子与凸轮之间为滚动摩擦，磨损小、承载能力强、应用广泛，故适用于传递较大动力的场合。

凸轮机构
在汽车上的应用

3. 平底从动件凸轮机构

如图 4-2-2（c）所示，从动件与凸轮之间为线接触，在接触面间容易形成油膜，润滑条件较好；而且平底的受力平稳，传动效率高，故适用于高速凸轮机构。

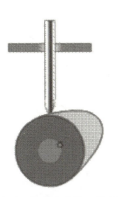 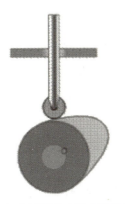 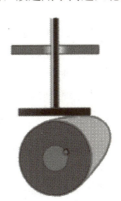

（a）尖顶从动件凸轮机构　　（b）滚子从动件凸轮机构　　（c）平底从动件凸轮机构

图 4-2-2　按从动件的形式分类

三、凸轮机构的工作过程

（一）凸轮机构的基本参数

在凸轮机构中，以凸轮转动中心为圆心，凸轮轮廓最小向径 OA 所作的圆称为凸轮的基圆，其半径用 r_0 表示，如图 4-2-3 所示。从动件在位置 A 的时候，离圆心 O 的距离最近，为初始位置，从动件从最近位置 A 到最远位置 B 之间的距离称为升程，用符号 h 表示。

为了方便观察从动件的运动过程，以从动件的位移 s、速度 ω、凸轮转过的角度 δ 等作为参数，绘制出凸轮机构从动件的运动线图和从动件的位移线图。其中运动线图直观地反映了从动件的运动规律，是设计凸轮轮廓曲线的重要依据。

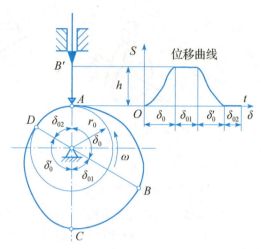

图 4-2-3 凸轮机构的工作过程

凸轮机构工作时，凸轮每转一周，从动件一般要经历以下四个运动阶段。

1. 推程

凸轮以等角速度 ω 按逆时针方向转动角度 δ_0 时，从动件按一定规律由位置 A 移动到位置 B，这一过程称为推程。凸轮转过的角度 δ_0 称为推程运动角。

2. 远停程

凸轮继续转过角度 δ_{01} 时，从动件与凸轮的 BC 圆弧段接触并停在离凸轮圆心 O 最远的位置 B'，这一过程称为远停程。凸轮转过的角度 δ_{01} 称为远休止角。

3. 回程

凸轮继续转过角度 δ_0' 时，由于凸轮 CD 段的轮廓向径逐渐变小，从动件在重力或弹簧力的作用下，以一定的规律从位置 B' 返回位置 A，这一过程称为回程。凸轮转过的角度 δ_0' 称为回程运动角。

4. 近停程

凸轮继续转过角度 δ_{02}，在 DA 段从动件一直停在离凸轮轴圆心 O 最近的位置 A，该过程称为近停程。凸轮转过的角度 δ_{02} 称为近休止角。

凸轮机构工作时，凸轮每转过一圈，从动件经历推程、远停程、回程、近停程四个运动阶段，这时凸轮不断旋转，从动件重复升、停、降、停的运动循环。

（二）从动件常用的运动规律

从动件的运动取决于凸轮的轮廓曲线。为了使从动件的运动规律符合工作要求，绘制凸轮轮廓曲线必须依据从动件运动规律。

从动件常用的运动规律有等速运动（见图 4-2-4）、等加速等减速运动、简谐运动等，下面介绍最简单的等速运动规律。

等速运动规律是指凸轮做等速转动时，从动件上升或下降的速度为一常数。由于凸轮机构工作时，凸轮一般做等速转动，所以其转动角度就反映了运动时间。用位移 s 与转角 δ 的关系代替等速运动中位移与时间的关系，可以画出凸轮每转过一定角度与从动件对应的位移量的关系曲线图，称为从动件位移曲线图，如图 4-2-4 所示。由于等速运动中位移量与时间成正比，所以等速运动规律的位移曲线是一条斜直线。

由图 4-2-4 分析可知，等速运动的从动件在开始上升的一瞬间和上升转为下降的一瞬间都会产生很大的冲击，这种冲击称为刚性冲击。随着凸轮的不断旋转，这种冲击所引发的振动是很大的，所以等速运动规律只适用于低速和从动件质量较小的场合。

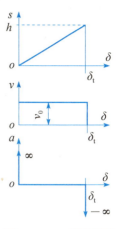

图 4-2-4 等速运动

专注研发

做高精度小部件领域的"小巨人"

纵观人类劳作工具的演化史，一条较为明晰的发展脉络是机器逐步替代人工。在雨花经开区有一家企业自成立之初便致力于解放工人劳作和大脑决策。

先步信息一直专注于提供优质的智能自动化解决方案，在智能化装配方面也发挥着"先人一步，步步领先"的拼搏精神，推出了国内首台标准化装配平台——先步机器人智能装配通用平台。作为先步信息自主研发的又一革命性产品，它的巧妙之处在于通过采用标准的模块化设计，并以凸轮技术驱动机械臂运行，兼容性和精确度都非常高，可在较低设计成本的基础上造就快速、精准、灵活的装配表现，完成绝大部分中小型产品的装配工作。尽管难度高，但其高技术属性下的边际成本更高。

随着近年来工业机器人行业迎来发展风口期，先步机器人凭借以凸轮驱动技术及标准模块化设计，产品广受市场青睐。公司发布的年报显示，2021 年，先步信息实现营业收入超 8 300 万元，同比增长 47.56%；归属于挂牌公司股东的净利润超 550 万元，较上年同期增长 585.86%。

"心无旁骛搞研发，全心全意育人才，顺势而为谋发展。"先步信息董事长告诉记者，本次获评为国家级专精特新"小巨人"是企业一个全新的起点，未来将进一步聚焦高精度的小部件领域，把 1m 宽的市场做到 10 000m 深。

资料来源：朱泽寰.小凸轮驱动智能机构人大市场.长沙晚报，2022-08-21.

拓展提升

汽车点火系统由断电器、配电器、火花塞和点火线圈等组成，如图 4-2-5 所示。断电器的作用是通过凸轮来控制点火线圈初级电路的通、断，以便在次级电路中感应出高压电。请观察并学习汽车断电器的工作原理。

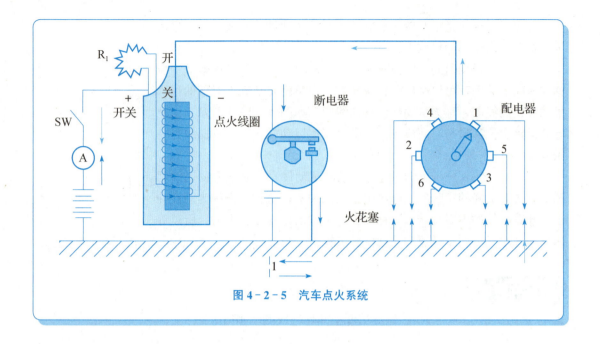

图 4-2-5　汽车点火系统

第三节　间歇运动机构

一、间歇运动机构的概念

间歇运动机构是指有些机械需要其构件周期地运动和停歇。能够将原动件的连续转动转变为从动件周期性运动和停歇的机构。例如，牛头刨床工作台的横向进给运动，电影放映机的送片运动等都用的有间歇运动机构。常见的间歇运动机构有棘轮机构、槽轮机构、连杆机构和不完全齿轮机构。

二、常见的间歇运动机构

（一）棘轮机构

1. 棘轮机构的组成和特点

如图 4-3-1 所示，棘轮机构由棘轮、主动棘爪、制动棘爪和摇杆等组成，常与曲柄摇杆机构、凸轮机构、液压装置等配套应用。棘轮机构具有结构简单，棘轮和棘爪制造方便，运动可靠等优点，但棘爪在棘轮轮齿表面滑过时会引起较大的噪声，且容易造成机构的磨损，故齿形棘轮机构多用于低速轻载的间歇运动场合。

2. 棘轮机构的工作原理

在棘轮机构中，当曲柄推动摇杆向左摆动时，主动棘爪嵌入棘轮齿槽，推动棘轮沿逆

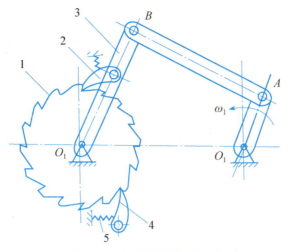

图 4-3-1　棘轮机构的组成

1—棘轮；2—主动棘爪；3—摇杆；4—制动棘爪；5—弹簧

时针方向转过一个角度；当曲柄推动摇杆向右摆动时，主动棘爪可在棘轮的齿上滑过，但制动棘爪由于插入棘轮齿槽中，将阻止棘轮顺时针转动，从而使棘轮保持静止。因此，当摇杆做连续往复摆动时，棘轮将做单向间歇转动。

3. 棘轮机构的分类和应用

棘轮机构的类型很多，主要有以下几种分类方法。

（1）根据制动原理不同，棘轮机构分为两种：齿啮合式棘轮机构、摩擦式棘轮机构。

齿啮合式棘轮机构根据棘爪位置的不同，可分为外接棘轮机构、内接棘轮机构和棘条机构，如图 4-3-2 所示。摩擦式棘轮机构可分为外摩擦式棘轮机构、内摩擦式棘轮机构和滚子内接摩擦式棘轮机构，如图 4-3-3 所示。

（a）外接棘轮机构

（b）内接棘轮机构

（c）棘条机构

图 4-3-2　齿啮合式棘轮机构

（2）根据棘轮运动形式的不同，棘轮机构又可分为三种：单动式棘轮机构、双动式棘轮机构、可变向式棘轮机构。

棘轮机构在汽车手刹手柄上有应用。拉动手柄时，手柄带动拉线使得后轮的卡钳或指定蹄片锁紧制动盘，实现刹车，而棘爪卡住棘轮使得手柄固定在相应的位置不动；需要解除制动时，先按下按钮使棘爪张开，并与棘轮脱离，即可轻易地放下手柄。

（a）外摩擦式棘轮机构　　（b）内摩擦式棘轮机构　　（c）滚子内接摩擦式棘轮机构

图4-3-3　摩擦式棘轮机构

除此之外，还有汽车修理中常用的起重机防逆转棘轮机构，棘爪与棘轮的啮合能使被提升的重物停留在任意所需位置，并防止由于卷筒突然失去动力而造成重物下落。

精益求精

我的棘轮人生

杜赫是中国铁路呼和浩特局集团有限公司包头供电段响沙湾供电车间副主任。2012年，杜赫来到库布齐沙漠腹地成为一名接触网工。接触网是给列车供电的输电线路，距离地面大概6m高，需要通过吊弦来保证接触网的高度稳定，而调整吊弦的长度是他的工作之一。杜赫在安装吊弦时用的扳手，是过去经常用的棘轮扳手，它的特点是干活快、效率高。而现在用的这把扳手叫作力矩扳手，其特点是不仅干活快、效率高，而且可以调整力矩，使作业更加精准。

从"'90后'菜鸟"到技术尖兵，一路走来，杜赫觉得干好接触网，必须要胆大心细。为了让列车运行更加平稳有序，他想方设法把原本要求2mm的标准误差控制在1.5mm。除了对工作的精益求精，他和战友们还发扬退伍不褪色的精神，在寸草不生的沙漠里开辟了1 300多平方米的绿洲，十多年来，越来越多的人跟他们一起并肩战斗，他们觉得青春就是用来奋斗的。

（二）槽轮机构

1. 槽轮机构的组成和特点

槽轮机构（见图4-3-4）主要由带有圆销的主动拨盘、带有若干径向槽的从动槽轮和机架组成。主动拨盘在匀速转动时将带动从动槽轮做时转时停的间歇式旋转运动。槽轮机构具有结构简单、传动可靠、机械效率高等特点，但圆销与槽轮径向槽之间的配合要求较高的精度，且圆销在进入径向槽时

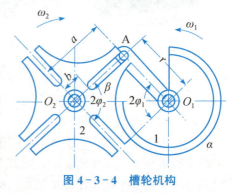

图4-3-4　槽轮机构

有较大的冲击力，因此槽轮机构常用于低速、定转角的间歇运动场合。

2. 槽轮机构的工作原理

当拨盘上的圆销 A 未进入径向槽时，拨盘的锁止弧 α 与槽轮的锁止弧 β 重合，槽轮被锁住不动；当拨盘继续转动使圆销 A 进入径向槽时，槽轮在圆销 A 的驱动下转动；拨盘继续转动，圆销 A 转出径向槽，锁止弧 α 再次与槽轮的锁止弧 β 重合，槽轮又被锁住不动。故拨盘匀速转动时，槽轮重复上述过程，做间歇转动。图 4-3-4 所示的槽轮机构中，拨盘转动一圈，槽轮转动 1/4 圈。

3. 槽轮机构的分类及应用

根据圆销与槽轮啮合位置的不同，槽轮机构可分为外槽轮机构和内槽轮机构两种。

（1）外槽轮机构：如图 4-3-5（a）和图 4-3-5（b）所示，拨盘与槽轮的转向相反。

（2）内槽轮机构：如图 4-3-5（c）所示，拨盘与槽轮的转向相同，内槽轮停歇的时间比较短，机构所占空间较小。

（a）外槽轮机构1　　　　　（b）外槽轮机构2　　　　　（c）内槽轮机构

图 4-3-5　槽轮机构

槽轮机构一般用于转速不是很高的自动机械、轻工机械和仪器仪表中。例如，电影放映机中的松片机，由槽轮带动胶片，做有停歇的送进，从而形成动态画面，如图 4-3-6 所示。另外，槽轮机构还常与其他机构组合，用于自动生产线中。

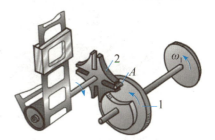

图 4-3-6　电影放映机

拓 展 提 升

图 4-3-7 所示的棘轮扳手是棘轮机构的典型应用，请观察并学习棘轮扳手的工作原理。

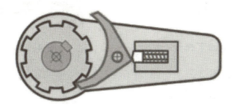

图 4-3-7　棘轮扳手

🚗 **实践出真知**

实训任务一

一、实训内容

汽车前后窗的雨刮器通过左右摆动来清洁车窗玻璃，这个功能正是曲柄摇杆机构在汽车上的典型应用。请观察汽车上雨刮器总成的结构特点，理解曲柄摇杆机构的工作原理，并学会拆卸雨刮器。

二、作业准备

1. 设备工具：塑料翘板、套筒，如图4-3-8所示。

2. 操作前明确操作方法，不盲目操作；量具选用正确，不得暴力操作；实施作业过程中要做到6S。

图4-3-8　设备工具

三、操作步骤

1. 准备工位。

2. 拆卸雨刮器。

（1）首先打开发动机舱盖，取下雨刮臂螺母防尘盖，如图4-3-9、图4-3-10所示。

图4-3-9　打开发动机舱盖

图4-3-10　取下雨刮臂螺母防尘盖

（2）用套筒卸下螺母，取下紧固螺母，如图4-3-11、图4-3-12所示。

图4-3-11　用套筒卸下螺母

图4-3-12　取下紧固螺母

（3）卸下雨刮总成，如图4-3-13所示。注意：卸雨刮臂时一定要细心，否则容易损坏雨刮臂固定螺栓、前挡塑料装饰板。

（4）拆卸机舱密封条、通心塑料卡扣，如图4-3-14所示。

图 4-3-13　卸下雨刮总成

图 4-3-14　拆卸机舱密封条、通心塑料卡扣

（5）卸下左前挡塑料装饰板，如图 4-3-15 所示。

（6）观察雨刮器总成结构（见图 4-3-16），理解四连杆机构的结构特点。

图 4-3-15　卸下左前挡塑料装饰板

图 4-3-16　雨刮器总成结构

实训任务二

一、实训内容

凸轮机构在汽车中的典型应用是发动机配气机构，请讲述 5A-FE 发动机配气机构的组成和工作原理，并参照维修手册对进气凸轮轴进行拆装。

二、作业准备

1. 5A-FE 发动机总成及拆装台架，常用工具，专业工具，发动机维修手册等。

2. 操作前明确操作方法，不盲目操作；工量具选用正确，不得暴力操作；实施作业过程中要做到 6S。

三、操作步骤

1. 教师简单介绍 5A-FE 发动机，并示范进气凸轮轴的拆装步骤。

（1）提前拆去气门室盖及正时皮带等相关部件。

（2）转动进气凸轮轴的六角部分使副齿轮上的小孔（用于定位主、副齿轮）转上来，如图 4-3-17（a）所示。备注：此时进气凸轮轴的 1 号缸和 3 号缸凸轮的顶部同时顶到各自的液压挺柱。

（3）拆下 1 号轴承盖的两个固定螺栓，取下轴承盖，如图 4-3-17（b）所示。

（4）使用维修螺栓固定主、副齿轮，如图 4-3-17（c）所示。推荐使用长 16~20mm 的 M6 螺栓。

（5）按图 4-3-17（d）所示的顺序分几次均匀地拧松并拆下 8 个轴承盖螺栓，然后取下 4 个轴承盖，按原有顺序摆好。注意：拆下凸轮轴前，确保通过以上操作，副齿轮的扭力已经被消除。

（6）水平轻轻取出进气凸轮轴，仔细观察凸轮轴的结构，如图 4-3-17（e）所示。注意：不得用工具或其他物体撬动和用力拆下凸轮轴。

（a）　　　　　　　　　　　　　（b）

M6×20螺栓

（c）　　　　　　　　　　　　　（d）

（e）

图 4-3-17　凸轮轴的拆装

（7）按照与拆卸相反的顺序，严格参照维修手册复装进气凸轮轴。

2. 学生分组练习，记录拆装过程中遇到的问题。

3. 任务结束，清洁并归还实训工具和器材。

实训任务三

一、实训内容

汽车驻车制动系统（见图 4-3-18）可以防止车辆停在斜坡路面时由于溜车而造成事故，这是依靠棘轮机构来实现的。请观察汽车驻车制动系统的结构特点，并讲述其工作原理。

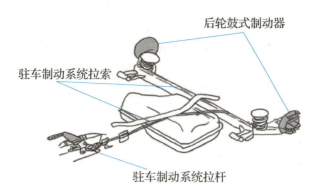

后轮鼓式制动器

驻车制动系统拉索

驻车制动系统拉杆

图 4 - 3 - 18　汽车驻车制动系统

二、作业准备

1. 汽车驻车制动系统实训台。

2. 操作前明确操作方法，不盲目操作；工量具选用正确，不得暴力操作；实施作业过程中要做到6S。

三、操作步骤

1. 让学生观看展示台架或者工作台上零部件，写出名称。

2. 组织小组学生到实车上去找零部件的安装位置，将项目单填写完整。

3. 展示实施结果。

4. 通过填表形式，学生自主检查零部件是否都认识，将项目单上的表格填写完整。

5. 教师随机抽取零部件，让小组写下名称、安装位置和作用。

6. 挑出部分学生的项目单进行展示，然后公布正确答案。

检测评价

请根据表4-3-1完成检测评价。

表 4 - 3 - 1　检测评价

考评项目	分数	自我评价	小组互评	教师评价	小计
劳动纪律	10				
沟通能力及团队协作精神	10				
活动参与度	10				
设备使用	5				
查找维修资料、文献等取得信息的能力	15				
任务完成情况	40				
6S管理执行力	10				
总分	100				
教师签名：				得分	

本章小结

机构中具有确定相对运动的实体称为构件。各构件间的相对运动均在同一平面或在相互平行的平面内的机构称为平面机构。若组成该平面机构的构件全部用低副连接，则这样的机构称为平面连杆机构，平面四杆机构是指由四个杆件组成的平面连杆机构，是结构最简单、应用最广泛的平面连杆机构。

允许两构件之间直接接触并能产生一定相对运动的活动连接称为运动副。构件的自由度是指构件可以进行的独立运动的数目。

平面四杆机构可分为铰链四杆机构和滑块四杆机构两大类。铰链四杆机构可分为曲柄摇杆机构、双曲柄机构和双摇杆机构。要判别铰链四杆机构的类型，必须先判断机构中是否存在曲柄。

在曲柄摇杆机构、曲柄滑块机构和曲柄移动导杆机构中，通常利用机构的急回特性来缩短空回行程的时间，以提高生产加工效率。

作用于从动件上的力与该力作用点的速度方向所夹的锐角 α 称为压力角，压力角的余角 γ 称为传动角。压力角 α 和传动角 γ 是判断机构传力性能的重要参数。

凸轮机构是由主动件凸轮、从动件摆杆（或推杆）和支撑它们的机架组成的高副机构。

棘轮机构和槽轮机构是常用的间歇运动机构形式。

同步练习

一、填空题

1. 在平面机构中，一个低副引入＿＿＿＿个约束，只保留＿＿＿＿个自由度；而一个高副引入＿＿＿＿个约束，只保留＿＿＿＿个自由度。

2. 铰链四杆机构中，能绕机架做360°整周转动的连架杆称为＿＿＿＿；能绕机架在小于360°的范围内做往复摆动的连架杆则称为＿＿＿＿；与连架杆相连的构件称为＿＿＿＿。

3. 凸轮机构由＿＿＿＿、＿＿＿＿、＿＿＿＿三部分组成。

4. 凸轮机构的工作过程包括＿＿＿＿、＿＿＿＿、＿＿＿＿、＿＿＿＿四个阶段。

5. 棘轮机构由＿＿＿＿、＿＿＿＿、＿＿＿＿三部分组成。

6. 在间歇运动机构中能将主动件的连续转动变成从动件的间歇转动的是＿＿＿＿和槽轮机构。

二、选择题

1. 内燃式发动机中的活塞连杆机构属于（　　　）。

A. 曲柄滑块机构　　　　　　　　　B. 曲柄摇杆机构

C. 双曲柄机构　　　　　　　　　　D. 双摇杆机构

2. 能产生急回特性的平面连杆机构有（　　　）。

A. 曲柄摇杆机构　　　　　　　　　B. 双曲柄机构

C. 双摇杆机构　　　　　　　　　　D. 以上都是

3. 与连杆机构相比，凸轮机构最大的缺点是（　　）。

A. 惯性力难以平衡　　　　　　　　B. 点、线接触，易磨损

C. 设计较为复杂　　　　　　　　　D. 不能实现间歇运动

4. 凸轮机构从动件的运动规律取决于（　　）。

A. 凸轮的尺寸　　　　　　　　　　B. 从动件的尺寸

C. 凸轮轮廓曲线形状　　　　　　　D. 从动件的形状

5. 槽轮机构的主动件在工作中（　　）。

A. 往复摆动运动　　　　　　　　　B. 往复直线运动

C. 等速转动　　　　　　　　　　　D. 直线运动

6. 六角车床的刀架转位机构是采用（　　）。

A. 凸轮机构　　　　　　　　　　　B. 槽轮机构

C. 棘轮机构　　　　　　　　　　　D. 齿轮机构

三、问答题

1. 什么是运动副？它有哪些类型？

2. 请根据图中注明的尺寸判断下列铰链四杆机构的类型。

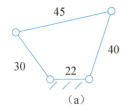
（a）

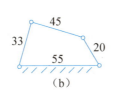
（b）

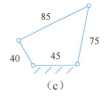
（c）

（d）

3. 凸轮机构的特点是什么？

4. 简述凸轮机构的工作过程。

5. 棘轮机构由哪几部分组成？常用类型有哪些？

6. 槽轮机构由哪几部分组成？常用类型有哪些？

第五章

汽车常用机械传动

 学习目标

知识目标： 1. 了解常用机械传动的工作特点、分类和结构。

2. 熟悉常用机械传动的基本工作原理、功用及在汽车上的应用情况。

3. 了解常用机械传动的传动比计算。

能力目标： 1. 能在汽车上找出常用机械传动部件。

2. 能正确拆装发动机传动皮带。

3. 能正确进行汽车传动皮带的张紧操作。

4. 能掌握轮系传动的传动路线及旋转方向。

5. 能掌握蜗杆蜗轮的螺旋方向及蜗杆传动方向的判定方法。

素养目标： 1. 培养敬业精神、科技创新精神。

2. 培养工匠精神、劳模精神、环保意识等。

 建议学时

16 个学时。

 课程导入

机械传动主要是指利用机械方式传递动力和运动的传动，在汽车中应用非常广泛。机械传动分为两类：一是靠机件间的摩擦力传递动力的摩擦传动；二是靠主动件与从动件啮合或借助中间件啮合传递动力或运动的啮合传动。在新能源汽车中，机械传动的应用场合也较多，如纯电动汽车中的动力总成中主减速器部分。接下来的课程我们将共同学习常用机械传动及其在汽车上的应用。

知识储备

第一节　带传动

带传动是利用传动带作为中间挠性件，并通过摩擦力来传递运动和动力的机械传动。带传动是机械传动中重要的传动形式，近年来，特别是在汽车工业、家用电器和办公机械及各种新型机械装备中使用相当普遍。

一、带传动概述

带传动是由两个带轮和一根紧绕在两轮上的传动带组成，靠传动带与带轮接触面之间的摩擦力或啮合力来传递运动和动力的一种挠性摩擦传动。

（一）带传动的特点

带传动具有结构简单、传动平稳、能缓冲吸振、可以在大的轴间距和多轴间传递动力，且其造价低廉、不需润滑、维护容易等特点，在近代机械传动中应用十分广泛。摩擦型带传动能过载打滑、运转噪声低，但传动比不准确；同步带传动可保证传动同步，但对载荷变动的吸收能力稍差，高速运转有噪声。带传动除用于传递动力外，有时也用来输送物料、进行零件的整列等。

（二）带传动的类型

根据工作原理不同，带传动可分为摩擦带传动和啮合带传动两种类型。

1. 摩擦带传动

摩擦带传动是靠传动带与带轮间的摩擦力来传递运动和动力。摩擦带传动按照传动带的横截面形状的不同分为平带传动、V 带传动、多楔带传动和圆形带传动四种类型，如图 5-1-1 所示。

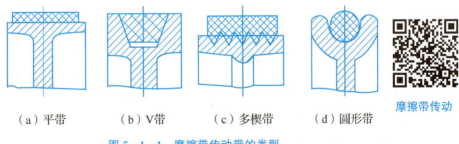

（a）平带　　　（b）V带　　　（c）多楔带　　　（d）圆形带

摩擦带传动

图 5-1-1　摩擦带传动带的类型

平带传动工作时，传动带套在平滑的轮面上，借传动带与轮面间的摩擦进行传动。平带传动结构简单，但容易打滑，通常用于传动比为 3 左右的传动。

V带又称三角带，横截面为梯形，工作时，传动带放在带轮上相应的型槽内，靠传动带与型槽两壁面的摩擦实现传动。三角带通常是数根并用，带轮上有相应数目的型槽。用三角带传动时，三角带与轮面接触良好，打滑小，传动比相对稳定，运行平稳。

多楔带的柔性很好，是若干条V带的组合，它克服了多根V带长度不等、传力不均匀的缺点。

圆形带的横截面为圆形，常用皮革或者棉绳制成，只用于小功率传动。

2. 啮合带传动

啮合带传动依靠带轮上的齿与传动带上的齿啮合传递运动和动力。啮合带最常见的类型为同步带。同步带利用带轮上的齿与传动带上的齿啮合传递运动和动力，传动带与带轮之间为啮合传动，没有相对滑动，可保持主动带轮和从动带轮的线速度同步，如图5-1-2所示。

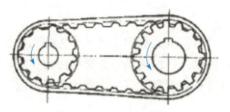

图5-1-2　啮合带传动

二、V带传动

V带传动是靠V带的两侧面与轮槽侧面压紧产生摩擦力进行动力传递的。与平带传动相比，V带传动的摩擦力大，因此可以传递较大功率。V带较平带结构紧凑，而且V带是无接头的传动带，所以传动较平稳，是带传动中应用最广泛的一种传动。

（一）V带的结构

普通V带传动是依靠V带的两侧面与带轮轮槽侧面相接触产生摩擦力而工作的。我国生产的V带分为帘布芯、线绳芯两种结构。如图5-1-3所示，普通V带由顶胶、抗拉体、底胶和包布组成，其中顶胶和底胶由橡胶制成；包布由橡胶帆布制成，主要起耐磨和保护作用。

V带还有多楔带结构（见图5-1-4），捷达1.6L轿车发动机上的发电机、空调压缩机和转向助力泵多采用多楔带驱动。

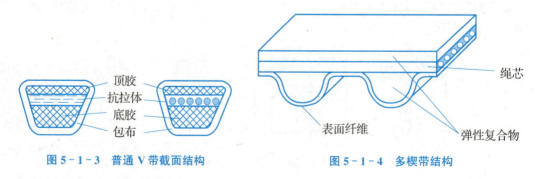

图5-1-3　普通V带截面结构　　　　图5-1-4　多楔带结构

（二）V带的标准和参数

普通V带已标准化，按照GB/T 11544—1997的规定，普通V带按截面尺寸由小到大有Y、Z、A、B、C、D、E七种型号，见表5-1-1。V带的型号和标准长度都压印在胶带的外表面上，以供识别和选用。比如，B2240 GB/T 11544—1997，表示 B 型 V 带，带的基准长度为 2 240mm。

表 5-1-1　普通 V 带的截面尺寸（选自 GB/T 11544—1997）

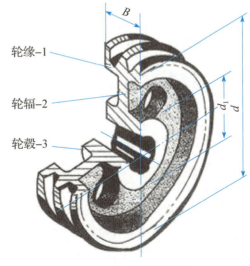

参数	Y	Z	A	B	C	D	E
b_p/mm	5.3	8.5	11	14	19	27	32
b/mm	6	10	13	17	22	32	38
h/mm	4	6	8	11	14	19	25
ϕ	40°						

普通 V 带在规定的张紧力下，位于测量带轮基准直径上的周长称为基准长度（也称节线长度），用 L_d 表示，它用于带传动的几何尺寸计算。普通 V 带的基准长度系列见表 5-1-2。

表 5-1-2　普通 V 带的基准长度系列（选自 GB/T 11544—1997）

基准长度 L_d 的基本尺寸	500　560　630　710　800　900　1 000　1 120　1 250　1 400
	1 600　1 800　2 000　2 240　2 500　2 800　3 150　3 550　4 000

（三）V 带的材料和结构

V 带的带轮是带传动中的重要零件，它必须满足下列条件要求：质量分布均匀，安装对中性好，工作表面要经过精细加工，以减少磨损，重量尽可能轻，强度足够，旋转稳定。在圆周速度 $v < 30\text{m/s}$ 时，带轮最常用的材料为铸铁，如 HT150，速度大时用 HT200。高速时，常用铸钢或轻合金。低速转动 $v < 15\text{m/s}$ 和小功率传动时，常用工程塑料。

带轮由轮缘、轮辐、轮毂组成（见图 5-1-5）。轮缘是带轮的外缘，在轮缘上面有梯形槽。槽数及结构尺寸应与所选的 V 带型号相对应。

图 5-1-5　带轮的结构

（四）V带的正确安装与使用

（1）保证 V 带的截面在轮槽中的正确位置，既不突出槽外又不陷入槽底，如图 5-1-6 所示。

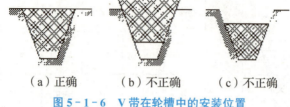

（a）正确　　　　（b）不正确　　　　（c）不正确

图 5-1-6　V带在轮槽中的安装位置

（2）安装带轮时，两轮的轴线应平行，端面与中心垂直，且两带轮装在轴上不得晃动，否则会使传动带侧面过早磨损，如图 5-1-7 所示。

（3）安装时，先将中心距缩小，待将传动带套在带轮上后再慢慢拉紧，以使传动带松紧适度。一般可凭经验来控制，传动带张紧程度以大拇指能按下 10～15mm 为宜，如图 5-1-8 所示。如用手拨撬 V 带时，注意防止 V 带夹伤手指。

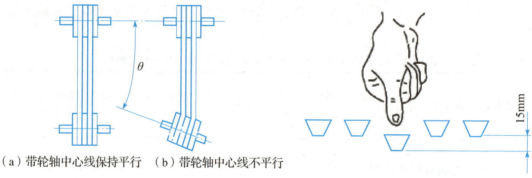

（a）带轮轴中心线保持平行　（b）带轮轴中心线不平行

图 5-1-7　V带的正确安装

图 5-1-8　传动带的张紧检查

（4）对带传动应定期检查和调整，发现损坏的 V 带应及时更换，新旧带、不同规格的 V 带均不能混合使用。

精益求精

湿式浸油正时皮带

浸油皮带是链条及普通皮带传动的最佳结合，既保留了链条传动稳定的优势，又增强了发动机结构的紧凑性，解决了车主关注的降低排放、提高燃油效率和降低传动张力的问题。相比正时链条，由于没有链节，以及链条和齿轮之间的摩擦，湿式浸油正时皮带能确保在全生命周期内正时更精确、噪声更低、摩擦更小。相比传统干式正时皮带，湿式浸油正时皮带由于位于正时面罩盖缸体内部，与润滑油接触，噪声更低，摩擦也更小。

东风标致、林肯 1.0、本田凌派、福特翼博 1.0T、理想 one 等车大部分的三缸发动机为了降低震动和噪声均使用了湿式浸油正时皮带。

拓 展 提 升

正时皮带（见图5-1-9）是发动机配气系统的重要组成部分，通过与曲轴的连接并配合一定的传动比来保证进、排气时间的准确。使用皮带而不是齿轮来传动是因为皮带噪声小，自身变化量小而且易于补偿。

正时皮带属于橡胶部件，随着发动机工作时间的增加，正时皮带和正时皮带的附件，如正时皮带张紧轮、正时皮带张紧器和水泵等都会发生磨损或老化。因此，凡是装有正时皮带的发动机，厂家都会有严格要求，在规定的周期内定期更换正时皮带及附件，更换周期则随着发动机结构的不同而有所不同，一般在车辆行驶到6万～10万千米时应该更换，具体的更换周期应该以车辆的保养手册说明为准。

图5-1-9　正时皮带

一旦到达皮带最大的使用年限或者里程数导致皮带断裂，将会引起发动机气门无法有规律地开合导致发动机突然熄火，甚至活塞顶气门拉缸等不可逆的损伤。

请查阅学校实训车辆维修手册等资料，确认正时皮带的更换周期。

第二节　链传动

链传动是一种具有中间挠性件（链条）的啮合传动。它由主动链轮、从动链轮和中间挠性件（链条）组成，通过链条的链节与链轮上的轮齿相啮合传递运动和动力。

链传动由两个链轮和绕在两轮上的中间挠性件——链条（见图5-2-1）所组成。它靠链条与链轮之间的啮合来传递两平行轴之间的运动和动力，属于具有啮合性质的强迫传动。其中，应用最广泛的是滚子链传动，如图5-2-2所示。

链传动

图5-2-1　链条

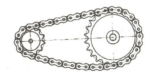

图5-2-2　滚子链传动

一、链传动的特点

与带传动相比，链传动的主要特点是：没有弹性滑动和打滑，能保持准确的平均传动比，传动效率较高（封闭式链传动的传动效率为0.95～0.98）；链条不需要像传动带那样张得很紧，所以压轴力较小；传递功率大，过载能力强；能在低速重载下较好地工作；能适应恶劣环境，如多尘、油污、腐蚀和高强度场合。但链传动也有一些缺点：瞬时链速和瞬时传动比不为常数，工作中有冲击和噪声，磨损后易发生跳齿，不宜在载荷变化很大和急速反向的传动中应用。

二、链传动的工作原理和传动比

主动链轮3回转时，依靠链条2与两链轮之间的啮合力，使从动链轮1回转，进而实现运动和动力的传递，如图5-2-3所示。

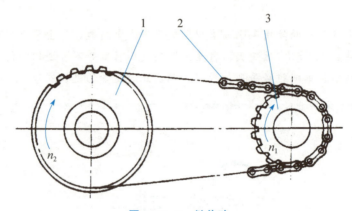

图5-2-3　链传动
1—从动链轮；2—链条；3—主动链轮

主动链轮的齿数为Z_1，从动链轮的齿数为Z_2，主动链轮每转过一个齿，链条移动一个链节，从动链轮被链条带动转过一个齿；当主动链轮的转速为n_1、从动链轮的转速为n_2时，单位时间内主动链轮转过的齿数z_1与从动链轮转过的齿数z_2相等。链传动的传动比为：

$$i = \frac{n_1}{n_2} = \frac{z_2}{z_1}$$

这表明：链传动的传动比就是主动链轮的转速n_1与从动链轮转速n_2的比值，也等于两链轮单位时间内转过的齿数z_1和z_2的反比。

三、链条的类型

按照结构形式不同，传动链可以分为滚子链和齿形链。

（一）滚子链

滚子链的结构如图5-2-4所示，由滚子、套筒、销轴、内链板和外链板组成。内链板与套筒之间、外链板与销轴之间分别用过盈配合固联。滚子与套筒之间、套筒与销轴之间均为间隙配合。当链条和链轮啮合时，滚子与链轮齿相对滚动，形成滚动摩擦，从而减小了链条和链轮轮齿的磨损。

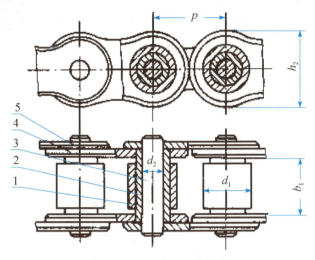

图5-2-4　滚子链的结构

1—滚子；2—套筒；3—销轴；4—内链板；5—外链板

链条上相邻两销轴中心的距离称为节距，用 p 表示，节距是链传动的重要参数。节距 p 越大，链传动的各部分尺寸和重量也越大，承载能力越高，且在链轮齿数一定时，链轮尺寸和重量随之增大。因此，设计时在保证承载能力的前提下，应尽量采取较小的节距。载荷较大时可选用双排滚子链（见图5-2-5）或多排滚子链，但排数一般不超过三排或四排，以免由于制造和安装误差的影响使各排滚子链受载不均。

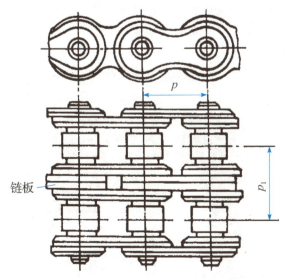

图5-2-5　双排滚子链

（二）齿形链

齿形链（见图5-2-6）用于少数高档车的曲轴与凸轮轴之间的传动。与滚子链相比，齿形链具有工作平稳、噪声小、耐冲击及允许较高的链速等优点，但结构复杂、质量大、价格高，通常用于高速传动。

图5-2-6　齿形链

四、链传动的张紧和润滑

链传动在使用过程中，会因为链节铰链的磨损而使节距增大，从而使链条松弛，下垂度变大，影响正常传动。为保证链传动的正常使用，提高链传动的质量，延长其使用寿命，链传动需进行适当的张紧和润滑。

（一）链传动的张紧

链传动的张紧用链轮或滚轮进行。张紧轮直径应稍小于小链轮直径，并置于松边外侧靠近小链轮处。

（二）链传动的润滑

链传动的润滑方式有油杯滴油润滑、油浴或飞溅润滑、压力润滑等。

技术创新　追求卓越

齿形链

齿形链又称无声链，属于传动链的一种形式，具有噪声甚小、可靠性较高、运动精度较高的优点。齿形链是一种应用广泛的重要机械基础件，主要用在高速、重载、低噪声、大中心距的工况下，其传动性能优于齿形带传动、齿轮传动及滚子链传动，已成为众多行业首选的传动形式之一。齿形链以啮合形式分类，可分为内啮合齿形链、外啮合齿形链和内外复合啮合齿形链，其中内外复合啮合齿形链的噪声最小，应用也最广泛。近年来，汽车、摩托车和叉车等的发动机也越来越广泛地应用了齿形链，如图5-2-7所示。

静音链条

图5-2-7　齿形链在发动机上的应用

链传动的安装与维护

（1）安装链传动时，两链轮轴线必须平行，并且两链轮旋转平面应位于同一平面内，否则会引起脱链和不正常的磨损。

（2）为了防止链传动松边垂度过大，引起啮合不良和抖动现象，应采取张紧措施。张紧措施有：当中心距可调时，可增大中心距；当中心距不可调时，可去掉1～2个链节，或采用张紧轮张紧，张紧轮应放在松边外侧靠近小轮的位置上。

请观察自行车的链传动装置，了解自行车链传动的张紧调整方法。

第三节　齿轮传动

一、齿轮传动概述

（一）齿轮传动的特点

齿轮传动是指由齿轮副传递运动和动力的装置，它是现代各种设备中应用最广泛的一种机械传动方式。它有以下特点：

（1）传动精度高。现代常用的渐开线齿轮的传动比，在理论上是准确、恒定不变的。

（2）适用范围宽。齿轮传动传递的功率范围极宽，可以从0.001W到60 000kW；圆周速度可以很低，也可高达150m/s，带传动、链传动均难以比拟。

（3）可以实现平行轴、相交轴、交错轴等空间任意两轴间的传动。

（4）工作可靠，使用寿命长。

（5）传动效率较高，一般为94%～99%。

（6）制造和安装要求较高，因而成本也较高。

（7）对环境条件要求较严，除少数低速、低精度的情况以外，一般需要安置在箱罩中防尘防垢，还需要重视润滑。

（8）不适用于相距较远的两轴间的传动。

（9）减震性和抗冲击性不如带传动等柔性传动好。

（二）齿轮传动的作用

齿轮传动是汽车上应用广泛的传动方式之一，它主要有以下作用：

（1）变速：通过两个不同大小的齿轮啮合，就可以改变齿轮的转速。比如，变速箱齿轮，可以将发动机传来的转速降低或增大，以满足汽车行驶的需求。

齿轮传动的作用

（2）变矩：两个不同大小的齿轮啮合，在改变齿轮转速的同时，也在改变所传递的扭矩。比如，汽车变速箱、驱动桥中的主减速器，都可以改变汽车的扭矩。

（3）变向：有些汽车发动机的动力作用方向与汽车行驶方向垂直，必须转变动力的传递方向才能驱动汽车。这个装置通常是汽车的主减速器和差速器。

（三）齿轮传动的类型

齿轮传动的类型很多，按照不同的分类方法可分为不同的类型。

1. 按传动比

根据一对齿轮传动的传动比是否恒定来分，可分为定传动比和变传动比齿轮传动。

变传动比齿轮传动主要用于一些具有特殊要求的机械中；而定传动比齿轮传动机构中的齿轮都是圆形的，所以又称为圆形齿轮传动。

2. 按齿廓形状

按齿廓形状不同，可分为渐开线齿轮传动、摆线齿轮传动、圆弧齿轮传动和抛物线齿轮传动等，其中渐开线齿轮传动应用最为广泛。

3. 按工作条件

按齿轮传动的工作条件不同，可分为闭式齿轮传动、开式齿轮传动和半开式齿轮传动。

齿轮传动的类型虽然很多，但渐开线直齿圆柱齿轮传动是最简单、最基本的类型。

二、齿轮渐开线齿廓

如图 5-3-1（a）所示，设半径为 r_b 的圆上有一直线 L 与其相切，当直线 L 沿圆周做纯滚动时，直线上任一点 K 的轨迹称为该圆的渐开线；该圆称为基圆，r_b 称为基圆半径，直线 L 称为发生线。齿轮的齿廓就是由两段对称渐开线组成的。

以渐开线作为齿廓曲线的齿轮称为渐开线齿轮。如图 5-3-1（b）所示，齿轮轮齿的齿廓是由同一基圆的两条相反（对称）的渐开线组成的。

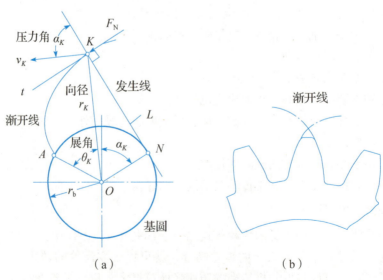

（a）　　　　　（b）

图 5-3-1　渐开线齿廓形成

三、直齿圆柱齿轮

（一）标准直齿圆柱齿轮

标准直齿圆柱齿轮各部分的名称如图 5-3-2 所示。

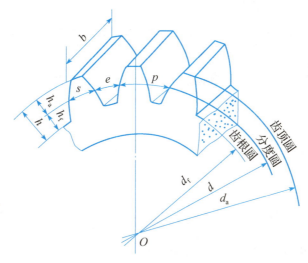

图 5-3-2　标准直齿圆柱齿轮各部分的名称

齿顶圆：齿轮齿顶所在的圆。其直径（或半径）用 d_a（或 r_a）表示。

齿根圆：齿轮齿槽底所在的圆。其直径（或半径）用 d_f（或 r_f）表示。

分度圆：用来分度（分齿）的圆，该圆位于齿厚和槽宽相等的地方。其直径（或半径）用 d（或 r 表示）。

齿顶高：齿顶圆与分度圆之间的径向距离，用 h_a 表示。

齿根高：齿根圆与分度圆之间的径向距离，用 h_f 表示。

全齿高：齿顶圆与齿根圆之间的径向距离，用 h 表示。显然有：

$$h = h_a + h_f$$

齿厚：一个齿的两侧齿廓之间的分度圆弧长，用 s 表示。

齿槽宽：一个齿槽的两侧齿廓之间的分度圆弧长，用 e 表示。

齿距：相邻两齿的同侧齿廓之间的分度圆弧长，用 p 表示。显然有：

$$p = s + e$$

齿宽：齿轮轮齿的宽度（沿齿轮轴线方向度量），用 b 表示。

（二）模数 m 和压力角 α

为使设计、制造和互换方便，在齿轮上取某一个圆，使该圆上齿距与 π 的比值为简单的有理数，定为模数并标准化。我们把具有标准模数和标准压力角的圆称为分度圆，直径用 d 表示，分度圆上的压力角用 α 表示，模数用 m 表示。国家标准规定此压力角为标准值，即压力角 $\alpha = 20°$。分度圆上的参数均不加角标，即

$$m = \frac{p}{\pi}$$

$$d = mz$$

（三）标准直齿圆柱齿轮几何尺寸的计算

标准直齿圆柱齿轮的几何尺寸的计算，按表 5-3-1 所示的几何关系进行。

表 5-3-1　标准直齿圆柱齿轮各部分尺寸的几何关系

名　　称	符号	公　式		
		外齿轮	内齿轮	齿条
模数	m	强度计算后获得		
分度圆直径	d	$d = mz$		
齿顶高	h_a	$h_a = h_a^* m$		
齿根高	h_f	$h_f = (h_a^* + c^*)m$		
全齿高	h	$h = (2h_a^* + c^*)m$		
齿顶圆直径	d_a	$d_a = (z + 2h_a^*)m$	$d_a = (z - 2h_a^*)m$	∞
齿根圆直径	d_f	$d_f = (z - 2h_a^* - 2c^*)m$	$d_f = (z + 2h_a^* + 2c^*)m$	∞
中心距	a	$a = (d_1 + d_2)/2$	$a = (d_1 - d_2)/2$	∞
基圆直径	d_b	$d_b = d \cos \alpha$		∞
齿距	p	$p = \pi m$		
齿厚	s	$s = \pi m / 2$		
齿槽宽	e	$e = \pi m / 2$		

（四）渐开线直齿圆柱齿轮正确啮合的条件

一对渐开线直齿圆柱齿轮要正确啮合，必须满足一定的条件。由于模数 m 和压力角 α 都是标准化了的，所以两齿轮正确啮合的条件为

$$m_1 = m_2 = m$$

$$\alpha_1 = \alpha_2 = \alpha$$

即渐开线直齿圆柱齿轮正确啮合的条件为：两轮的模数和压力角必须分别相等并为标准值。

四、齿轮传动的传动比

设主动齿轮的齿数为 Z_1、从动齿轮的齿数为 Z_2、主动齿轮的转速为 n_1、从动齿轮的转速为 n_2 时，单位时间内主动齿轮转过的齿数 z_1 与从动齿轮转过的齿数 z_2 相等，即

$$z_1 n_1 = z_2 n_2$$

由此可得，一对齿轮的传动比为：

$$i = \frac{n_1}{n_2} = \frac{z_2}{z_1}$$

即一对齿轮传动的传动比就是主动齿轮的转速 n_1 与从动齿轮转速 n_2 的比值，也等于两齿轮单位时间内转过的齿数 z_1 和 z_2 的反比。

对于汽车变速器而言，挡位越低，传动比越大，减速增扭的效果越明显；挡位越高，传动比小，增速减扭的效果越明显。传动比大于 1 的挡位，称为增扭挡。传动比等于 1 的挡位，称为直接挡。传动比小于 1 的挡位，称为超速挡。

五、轮齿的失效形式

齿轮传动是由轮齿来传递运动和动力的，在齿轮传动过程中，因轮齿发生折断等现象，使齿轮失去了正常的工作能力，这种现象称为齿轮的失效。常见的齿轮失效形式有以下五种。

（一）轮齿折断

轮齿折断（见图 5-3-3）常发生在齿根部。因为轮齿受载时，齿根部受到的弯曲应力最大。

（二）齿面点蚀

轮齿点蚀（见图 5-3-4）多发生在靠近节线的齿根表面处。齿面点蚀是润滑良好的闭式齿轮传动中轮齿失效的主要形式之一。

（三）齿面磨损

齿面磨损（见图 5-3-5）常是润滑条件不好、易受灰尘及有害物质侵袭的开式齿轮传动的主要失效形式之一。

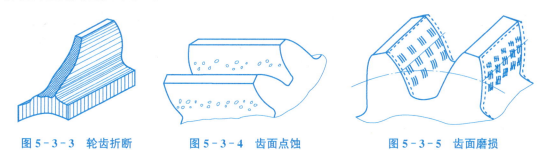

图 5-3-3　轮齿折断　　　　图 5-3-4　齿面点蚀　　　　图 5-3-5　齿面磨损

（四）齿面胶合

在重载高速的齿轮传动中，常因啮合处的高压接触使温度升得过高，破坏了齿面的润滑油膜，造成两齿轮齿面金属直接接触，以致局部金属黏结在一起。随着传动过程的继续，较硬金属齿面将较软的金属表层沿滑动方向撕划出沟槽，这种现象称为齿面胶合（见图 5-3-6）。

（五）齿面塑性变形

若齿轮材质较软，轮齿表面硬度不高，当工作在低速重载和频繁启动情况下，由于受较大载荷和摩擦力的作用，可能使齿面表层金属沿相对滑动方向发生局部的塑性流动，出现齿面的塑性变形。发生塑性变形时，主动轮轮齿表面沿着节线形成凹沟，从动轮轮齿表面沿着节线产生凸棱（见图 5-3-7），塑性变形严重时，在齿顶边缘处会出现飞边。

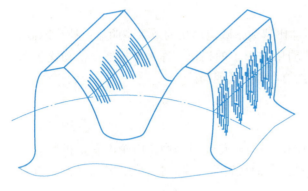

图 5-3-6　齿面胶合

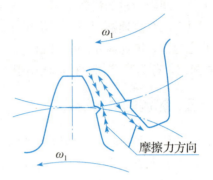

图 5-3-7　齿面塑性变形

工匠精神

"复兴号"上的齿轮传动系统

中车戚墅堰所通过自主研发，攻克了全天候及世界最高运营速度 350km/h 条件下齿轮传动系统震动、温升、长寿命等技术难关，研发高速动车组齿轮传动系统震动试验台进行多工况、全平台模拟试验，破解了齿轮传动系统全寿命周期结构性能、安全性、可靠性一体化验证及评估难题，突破了国际轨道交通领域传动系统高速运用性能极限，形成了系统性的动车组齿轮传动系统中国标准、中国核心技术。

为了解决技术难题，团队成员翻遍了设备机械、电气、液压、软件等多个领域的书籍，反复商讨、推敲方案，最终开创性地提出了"温控技术"的想法。其间，团队画了上百张设计图；一个小小的设计改进，必须在试验台上做多次测试……从一个想法的萌发到发展成为一套体系，整个团队夜以继日耗时六个月，历经上万次试验，最终打造出了首款"中国制造"品牌的高铁列车齿轮传动系统。

拓展提升

汽车手动变速箱中的齿轮需要良好的润滑以保证其正常工作，请问汽车手动变速器润滑油齿轮油与发动机机油在性能上有什么区别？

第四节　轮系

　　齿轮传动是由两个相互啮合的齿轮组成的最常见的机械传动形式之一。但在很多实际应用场景中，往往一组齿轮满足不了工作要求，这时通常会采用一系列相互啮合的齿轮来完成工作。图5-4-1所示为新能源纯电动汽车比亚迪E5的减速器。该减速器是比亚迪E5驱动总成的重要组成部分，其内部结构就是由多组齿轮相互啮合组成的，主要作用是连接驱动电机和驱动车轮，实现减速增扭、传递动力、改变动力方向等功能。这种由一系列齿轮相互啮合所组成的传动系统，我们称之为轮系。

图5-4-1　比亚迪E5的减速器

一、轮系传动的类型及应用

（一）轮系传动的类型

　　轮系可由各种类型的齿轮组成，类型比较多。根据轮系中各个齿轮的几何轴线的位置是否固定，轮系可分为定轴轮系、周转轮系和混合轮系三种。

1. 定轴轮系

　　当轮系在转动时，如果所有齿轮的几何轴线相对于机体的位置都是固定不变的，则称这种轮系为定轴轮系。

　　在定轴轮系中，电驱总成减速器的输入轴、中间轴和输出轴的轴线都是平行的，这使得轮系的装配和运行更为简单和稳定，如图5-4-2所示。定轴轮系可以用来改变驱动轮和从动轮之间的转速比。定轴轮系还可以改变旋转运动的转向，通过适当的齿轮组合，可以将输入轮的方向转换为输出轮的相反方向。

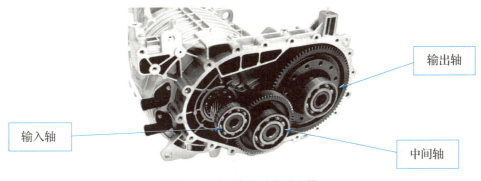

输出轴

输入轴

中间轴

图5-4-2　电驱总成减速器

2. 周转轮系

当轮系在转动时，如果轮系中有至少一个齿轮的几何轴线是绕着另一个齿轮的几何轴线转动的，则称这种轮系为周转轮系，又称行星轮系，如图 5-4-3 所示。

行星齿轮传动既可以实现减速，降低输出转速，增加输出扭矩；也可以实现增速，提高输出转速，减小输出扭矩。由于多个行星轮的啮合，行星齿轮传动运行平稳，减少了震动和噪声。

3. 混合轮系

在实际的机械结构中，往往是由一个定轴轮系和一个周转轮系，或者由若干个定轴轮系和若干个周转轮系通过不同的方式进行组合，形成新的传动系统，我们称这种轮系为混合轮系。混合轮系结合了定轴轮系和周转轮系的优点，可传动的扭矩更大，适应性更广泛。

图 5-4-3 周转轮系（行星轮系）

（二）轮系传动的应用

因为轮系传动可以在远距离传动的主动轴与从动轴之间获得较大的传动比，可以改变运动的速度和方向，可以实现运动的合成与分解，所以轮系传动在汽车上的应用非常广泛。例如，传统燃油汽车的变速器和差速器、新能源混合动力汽车的动力耦合器、纯电动汽车驱动总成的减速器、工业多轴机械加工臂（见图 5-4-4）等。

图 5-4-4 工业多轴机械加工臂

二、定轴轮系

（一）定轴轮系的类别

在定轴轮系里，根据轮系中所有齿轮的轴线平行与否，可将定轴轮系分为平面定轴轮系和空间定轴轮系两种。

1. 平面定轴轮系

在定轴轮系里面，如果所有齿轮的旋转轴线都是相互平行或者重合的，则称之为平面定轴轮系，如图 5-4-5 所示。平面定轴齿轮传动可分为直齿轮传动、斜齿轮传动和螺旋齿轮传动等。

2. 空间定轴轮系

在定轴轮系里面，如果所有齿轮的旋转轴线不都是相互平行或者重合的，则称之为空间定轴轮系，如图 5-4-6 所示。传动简图里面包含了蜗杆蜗轮传动、直齿轮传动和锥齿轮传动。在蜗杆蜗轮传动中，蜗杆的旋转轴线与蜗轮的旋转轴线在空间上交错；在锥齿轮传动中，两锥齿轮的旋转轴线呈 90°相交。

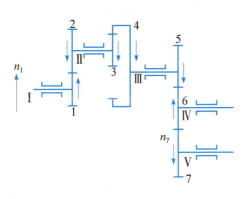

图 5-4-5 平面定轴轮系

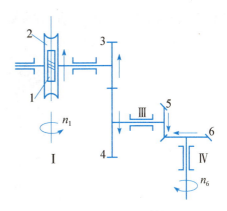

图 5-4-6 空间定轴轮系

（二）定轴轮系的转向

在定轴轮系中，轴的转动方向决定了驱动轮和被动轮的运动方向，因此定轴轮系的正反转向受轴的转动方向影响。两个相互啮合的齿轮的转向关系通常可以用正负来表示，也可以用标注箭头的方法在机构运动简图上标明。

1. 圆柱齿轮的转向

相互啮合的一对圆柱齿轮可以分为外啮合和内啮合两种情况。当两个齿轮外啮合时，它们的转向刚好相反，用方向相反的箭头在运动简图上标明它们的转向关系。当两个齿轮内啮合时，它们的转向相同，用方向相同的箭头在运动简图上标明它们的转向关系。如图 5-4-7 所示，当两个圆柱齿轮进行外啮合时，齿轮 1 的旋转方向为顺时针，齿轮 2 的旋转方向刚好与齿轮 1 相反，为逆时针旋转。如图 5-4-8 所示，当两个圆柱体进行内啮合时，齿圈 1 的旋转方向为逆时针，齿轮 2 的旋转方向和齿圈 1 的旋转方向相同，也为逆时针旋转。

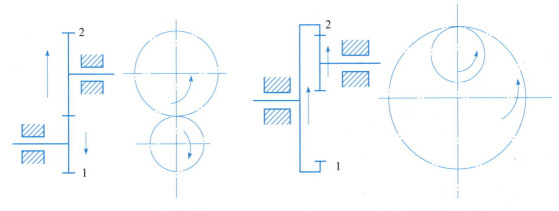

图 5-4-7 外啮合圆柱齿轮的转向   图 5-4-8 内啮合圆柱齿轮的转向

2. 锥齿轮的转向

如图 5-4-9 所示，相互啮合的一对锥齿轮，由于它们的旋转轴线是相互垂直的，所以不能用正负来表示它们的转向关系，只能用箭头在运动简图上标注。这两个箭头的方向一定是同时指向啮合点，或者同时背离啮合点的，如图 5-4-10 所示。

图 5-4-9　相互啮合的一对锥齿轮

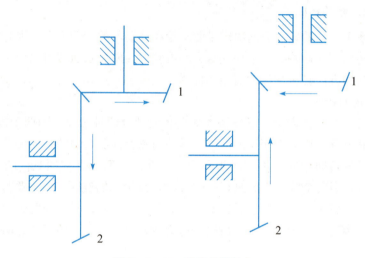

图 5-4-10　锥齿轮的转向

三、周转轮系

周转轮系是由太阳轮、行星架、行星轮和齿圈等基本构件组成的。周转轮系有时也称为行星轮系。

在图 5-4-11 所示的周转轮系中，从内到外的构件分别是太阳轮 1、行星架 H、行星轮 2、齿圈 3。太阳轮 1 的几何轴线为 O_1，行星架 H 的几何轴线为 O_H，行星轮 2 的几何轴线为 O_2，齿圈 3 的几何轴线为 O_3。几何轴线 O_1、O_H、O_3 都是相互重合的，并且它们的位置都是固定的。当这个周转轮系运动时，太阳轮 1 绕着几何轴线 O_1 旋转，行星架 H 绕着几何轴线 O_H 旋转，齿圈 3 绕着几何轴线 O_3 旋转。行星轮 2 安装在行星架 H 上，并能相对于行星架 H 进行旋转，其几何轴线为 O_2。当行星架 H 转动时，行星轮 2 的几何轴线 O_2 的位置也随之发生了改变。正因为几何轴线 O_2 绕着几何轴线 O_H 旋转，所以我们称其为周转轮系。

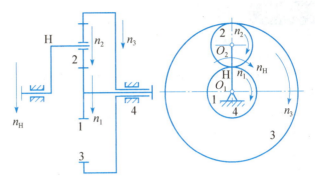

图 5 - 4 - 11 周转轮系

(一) 周转轮系的组成部件

1. 太阳轮

在行星齿轮传动系统中,太阳轮位于行星齿轮组的中心位置,被行星轮围绕并与之啮合。太阳轮在传动系统中起到传递动力和转速的作用,如图 5 - 4 - 12 所示。太阳轮位于整个轮系的中心位置,所以有时我们也称其为中心轮。太阳轮 1 与行星轮 2、齿圈 3 相互啮合传递动力。在汽车中,太阳轮一般作为行星轮动力输入部件。

图 5 - 4 - 12 太阳轮

2. 行星轮

在行星轮系的旋转模式中,行星轮 2 可以绕着太阳轮 1 旋转运动,如同太阳系中的行星绕着太阳旋转一样。因此,几何轴线位置可以改变的齿轮 2,称为行星轮。在周转轮系的运动中,通常会采用多个完全相同的行星轮,均匀地分布在太阳轮周围,如图 5 - 4 - 13 所示。这样,既可以平衡转动时产生的惯性力,提高周转轮系转动时的稳定性;又可以减轻齿轮单齿体上的负载,延长齿轮的使用寿命。

行星轮

行星架

图 5 - 4 - 13 行星轮

产学深耕

突破"围墙"——风力发电关键部件实现100%国产化

中研普华产业研究院发布的《2023—2028年中国风电齿轮箱行业发展预测与投资研究咨询报告》显示，根据《"十四五"可再生能源发展规划》，我国将推动山东半岛、长三角、闽南、粤东、北部湾等千万千瓦级海上风电基地开发建设，推进一批百万千瓦级的重点项目集中连片开发，结合基地开发建设推进深远海海上风电平价示范和海上能源岛示范工程。风力发电机来自中车株洲电机，叶片来自中材科技……全球首台16兆瓦海上风电机组主机由上万个零部件组成，关键部件均已实现100%国产化。研制过程中，金风科技协同了数十家企业、大学及科研院所，产业链上下游高效协同、产学研深度融合，为风电行业发展奠定了坚实基础。

作为一个风力发电大国，中国在陆地和海上风力发电方面都居全球领先地位，发电量均位居第一。风电齿轮箱（见图5-4-14）是风力发电机组中的关键组件之一，用于将风能转换为机械能，进而驱动发电机发电。风电齿轮箱的主要功能是将风力转换为旋转力，以适应发电机的运行速度和扭矩需求。它起到增加转速的作用，将从风轮传来的低速转动转换为发电机所需的高速转动。

图5-4-14　风电齿轮箱

3. 行星架

行星架（见图5-4-15）H支撑着行星轮2的运动，当行星架H固定时，行星轮2在行星架的销轴上转动。当行星架H绕着其几何轴线O_H旋转时，行星轮2也跟随着行星架H一起运动。因此，有时我们也把行星架H称为转臂或者系杆。在汽车中，行星架一般作为行星轮的动力输出部件。

行星轮

行星架

图5-4-15　行星架

（二）周转轮系的分类

1. 按自由度分类

（1）行星轮系：周转轮系中，有一个中心轮固定，即自由度为1的轮系。

（2）差动轮系：周转轮系中，需要两个原动件机构运动才能确定，即具有 2 个自由度的轮系。

2. 按太阳轮个数分类

（1）2K-H 型行星轮系：由两个太阳轮（2K）和一个行星架（H）组成的行星齿轮传动机构。

（2）3K 型行星轮系：由三个太阳轮（3K）组成的行星齿轮传动机构。

（3）K-H-V 型行星轮系：由一个太阳轮（K）、一个行星架（H）和一个输出机构组成的行星齿轮传动机构。

3. 按结构复杂程度分类

（1）单级行星轮系：由一个行星架及其上的行星轮和与之相啮合的太阳轮所构成的轮系。

（2）多级行星轮系：由两级或两级以上同类型单级行星轮传动机构组成的轮系。

（3）混合行星轮系：由一级或多级行星轮系与定轴轮系所组成的轮系。

（三）周转轮系的自转与公转

行星轮系（也称为周转轮系）主要由太阳轮、行星轮和环齿轮三部分组成。在工作中，行星轮既有自己的旋转运动（自转），又会绕着太阳轮做环绕运动（公转）。

1. 自转

行星轮的自转是指行星轮绕自身轴线旋转的运动。

2. 公转

行星轮的公转是指行星轮绕中心轴线进行的环绕运动。行星轮的公转由行星架（行星与太阳轮之间的连接结构）的运动所驱动。行星架固定在太阳轮上，使星轮在行星架的引导下绕太阳轮进行公转运动。

行星轮系的自转和公转共同作用，通过行星轮自身的旋转和环绕太阳轮的运动，实现输入动力的传递和转换。

拓展提升

在电驱系统减速器上，有一个差速器负责分配左右驱动轮的动力，请仔细观察托森式差速器（见图 5-4-16）和开放式差速器（见图 5-4-17），说说图中的差速器都用了哪种类型的轮式传动。

图 5-4-16 托森式差速器

图 5-4-17 开放式差速器

第五节　蜗杆传动

一、蜗杆传动的组成和特点

（一）蜗杆传动的组成

如图5-5-1所示，蜗杆传动由蜗杆、蜗轮和机架组成，通常蜗杆与蜗轮的轴线在空间里交错成90°，蜗杆和蜗轮相互啮合装在机架上。蜗杆传动主要用于空间两交错轴之间运动和动力的传递，一般以蜗杆为主动件，蜗轮为从动件。转动蜗杆时，其螺旋齿面推动蜗轮斜齿运动，使蜗轮旋转运动。由于蜗杆的旋转轴线与蜗轮的旋转轴线交错垂直，所以蜗杆传动传递的是空间上垂直方向的动力。

蜗杆　　　蜗轮　　　机架

图5-5-1　蜗杆传动的组成

图5-5-2所示为新能源汽车驱动总成拆装实训台架。该台架最上部的翻转机构就是一个蜗杆传动机构，手动摇轮安装在蜗杆上，固定驱动总成的机爪安装在蜗轮轴上。在拆装驱动总成的过程中，若需要翻转驱动总成，就可以旋转摇轮，利用蜗杆传动机构减速增扭的特点，安全、轻松、平稳地翻转驱动总成。

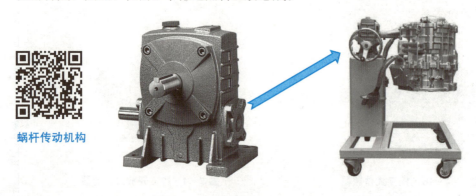

蜗杆传动机构

图5-5-2　新能源汽车驱动总成拆装实训台架

1. 蜗杆的结构

当蜗杆螺旋部分的尺寸比较小时，由于蜗杆需要旋转而且直径也比较小，所以蜗杆通常与轴制成一体，称为蜗杆轴，如图5-5-3所示。当蜗杆螺旋部分的尺寸比较大时，蜗杆与轴就需要分开制造，然后再组合在一起。

图5-5-3 蜗杆轴

蜗杆轴螺旋部分的结构尺寸取决于蜗杆的几何尺寸，其余部位的结构尺寸可参考轴的结构尺寸来定。根据轴上螺旋部分加工方法的不同，蜗杆轴可分为车削蜗杆轴和铣削蜗杆轴，如图5-5-4所示。车削蜗杆轴的螺旋部分采用车加工，轴上需留有退刀槽，这会削弱蜗杆的刚度。铣削蜗杆轴的螺旋部分直接通过铣削加工不需要退刀槽，所以铣削蜗杆轴的刚度比车削蜗杆轴好。

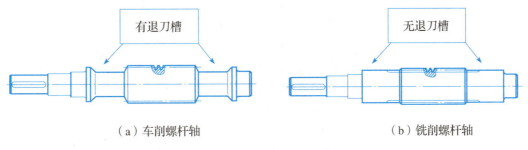

（a）车削螺杆轴　　　　　　　　　　　（b）铣削螺杆轴

图5-5-4 蜗杆轴的分类

2. 蜗轮的结构

蜗轮的结构形式分为整体式和组合式。铸铁蜗轮或直径小于100mm的青铜蜗轮通常采用整体式结构。如果直径是比较大的蜗轮，为了节约贵重金属，降低成本，通常采用组合式结构。蜗轮齿圈用青铜，蜗轮轮芯用铸铁或铸钢制造。组合式蜗轮按照齿圈与轮芯的连接方式又可以分为齿圈压配式、组合浇筑式、螺栓连接式三种，如图5-5-5所示。

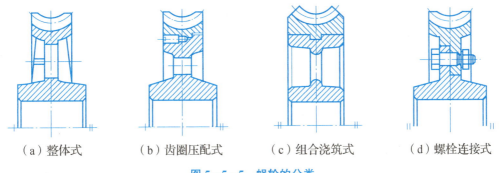

（a）整体式　　　　（b）齿圈压配式　　　（c）组合浇筑式　　　（d）螺栓连接式

图5-5-5 蜗轮的分类

（1）齿圈压配式。齿圈用青铜材料来制造，轮芯用铸铁或铸钢材料来制造，两者采用过盈配合。为了使连接更为可靠，配合面处有定位用的凸肩，结合面上还加装螺钉，拧紧后再切去螺钉头部。此结构用于中等尺寸而且工作温度变化较小的场合。

（2）组合浇筑式。在铸铁轮芯上预计出榫槽，浇筑上青铜轮框后，再加工齿。该结构适用于中等尺寸大批快速生产的蜗轮。

（3）螺栓连接式。蜗轮齿圈与轮芯用普通螺栓或铰制孔螺栓连接。由于拆装方便，常用于尺寸较大或者磨损后需要更换齿圈的场合。

（二）蜗杆传动的优缺点

蜗杆传动的优点如表 5-5-1 所示。

表 5-5-1　蜗杆传动的优点

序号	优点	原因
1	传动比大，结构紧凑	一般在动力传动中，取传动比 $i=10\sim80$，在分度机构中，i 最大可达 1 000。如此大的传动比，如果用齿轮来传动，则需要采取多级传动才能满足设计要求。所以，相比齿轮传动，蜗杆传动的结构更加紧凑、体积更小、重量更轻
2	重合度大，承载能力强	由于蜗杆与蜗轮接触面积大，同时进入啮合的齿数较多，承载能力也随之增大
3	传动平稳，噪声低	因为蜗杆齿是连续不间断的螺旋齿，它与蜗轮齿啮合时是连续不断的。在与蜗轮啮合传动时，蜗杆齿是逐渐进入和退出啮合的，同时蜗轮与其啮合的齿数又比较多，所以蜗杆传动工作平稳，冲击、振动、噪声都比较小
4	结构紧凑，可实现反行程自锁	当蜗杆的螺旋升角足够小时，蜗杆传动中将只能由蜗杆带动蜗轮转动，而不能用蜗轮带动蜗杆转动，这种特性称为自锁性。汽车维修中使用的起重机就是利用蜗杆传动的自锁性实现汽车停悬在任意角度

蜗杆传动的缺点如表 5-5-2 所示。

表 5-5-2　蜗杆传动的缺点

序号	缺点	原因
1	齿面的相对滑动速度大，传动效率低	由于蜗杆传动的工作过程属于齿面之间斜楔方式推动，所以齿面相对摩擦力大，而且齿面相对滑动摩擦速度快，摩擦剧烈，能量损失大，所以效率低。普通蜗杆的传动效率为 70%～80%。当蜗杆传动具有自锁性时，其传动效率基本都不足 50%
2	蜗轮的材料贵重，造价较高	为了减少高速传动时的摩擦，提高耐磨性，蜗轮通常需要选用减摩系数小的青铜为原材料，但青铜价格昂贵，而且制造工艺要求高，因此，蜗杆机构的制造成本较高

二、蜗杆传动的类型

（一）按蜗杆形状分类

蜗杆的分度曲面可以是圆柱面、圆环面或圆锥面。因此，根据蜗杆的形状，蜗杆传动可分为圆柱蜗杆传动、环面蜗杆传动和锥面蜗杆传动，如图 5-5-6 所示。这三种类型的蜗杆传动各有特点：圆柱蜗杆传动加工方便、成本低，环面蜗杆传动承载能力强、制造困难，锥面蜗杆传动的安装精度要求高。

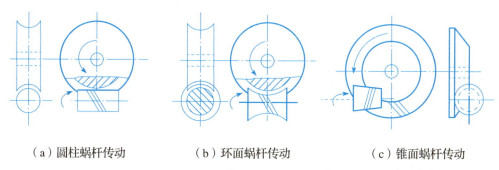

（a）圆柱蜗杆传动　　　（b）环面蜗杆传动　　　（c）锥面蜗杆传动

图 5-5-6　按蜗杆形状分类的蜗杆传动类型

1. 圆柱蜗杆传动

按蜗杆轴面齿型又可分为普通圆柱蜗杆传动和圆弧齿圆柱蜗杆传动。其中普通圆柱蜗杆传动，如果根据不同的齿廓曲线分类，又可分为阿基米德蜗杆传动（ZA 蜗杆）、渐开线蜗杆传动（ZI 蜗杆）和法向直廓蜗杆传动（ZH 蜗杆）三种。因为阿基米德蜗杆传动具有加工方便、承载能力强等优点，故其实际应用更为广泛。

2. 环面蜗杆传动

蜗杆的外形是圆弧回转面，同时啮合的齿数多，在中间平面内，蜗杆和蜗轮都是直线齿廓，齿面有利于润滑油膜的形成，传动平稳。蜗轮齿的接触线与蜗杆齿运动的方向近似于垂直，重合度大，大大改善了蜗轮齿的受力情况，承载能力和效率都比较高。

3. 锥面蜗杆传动

锥面蜗杆传动和环面蜗杆传动有很多相似的特点。锥面蜗杆传动同时接触的齿数也多，重合度也高，因此传动也很平稳。锥面蜗杆传动的传动比很大，在纯电动汽车驱动总成上作减速装置用时，单级传动比可达 10～400。接触线和相对滑动速度之间的夹角接近 90°，齿面间易形成润滑油膜，故承载能力较大、效率较高。由于不对称的原因，正反转时受力情况不同，故承载能力和效率也不同。

（二）按蜗杆螺旋线方向分类

按蜗杆螺旋线方向来划分，蜗杆可以分为左旋蜗杆和右旋蜗杆，如图 5-5-7 所示。

1. 左旋蜗杆传动

左旋蜗杆传动是指蜗杆顺时针旋转，而蜗轮逆时针旋转的传动方式。在左旋蜗杆传动中，当蜗杆旋转时，由于蜗轮与蜗杆齿面的咬合关系，蜗轮会产生逆时针的转动运动。

（a）左旋蜗杆　　　　　（b）右旋蜗杆

图 5-5-7　按蜗杆螺旋线方向分类的蜗杆类型

2. 右旋蜗杆传动

右旋蜗杆传动则是指蜗杆逆时针旋转，而蜗轮顺时针旋转的传动方式。在右旋蜗杆传动中，蜗杆的旋转会使蜗轮产生顺时针的转动运动。

左旋蜗杆传动和右旋蜗杆传动的选择取决于具体应用需要，如机械装置的设计、设备间的协同工作等因素。

（三）按蜗杆头数分类

蜗杆上只有一条螺旋线的称为单头蜗杆，蜗杆上有两条螺旋线的称为双头蜗杆。按蜗杆头数来分，蜗杆传动又分为单头蜗杆传动、双头蜗杆传动和多头蜗杆传动，如图 5-5-8 所示。单头蜗杆转一周，蜗轮就转过一个齿。双头蜗杆转一周，蜗轮就转过两个齿。

（a）单头蜗杆　　　　（b）双头蜗杆　　　　（c）多头蜗杆

图 5-5-8　按蜗杆头数分类的蜗杆类型

1. 单头蜗杆传动

单头蜗杆传动是指通过单头蜗杆来实现转动运动和转矩传递的传动方式。在单头蜗杆传动中，蜗杆上的单螺旋纹与蜗轮齿面咬合，通过蜗杆的旋转使蜗轮转动。单头蜗杆传动具有结构简单、噪声低、传递效率高等特点，但其转矩传递能力相对较小。

2. 多头蜗杆传动

多头蜗杆传动则是指通过多个螺旋纹的蜗杆来实现转动运动和转矩传递的传动方式。在多头蜗杆传动中，蜗杆上有两个以上的螺旋纹与蜗轮齿面咬合，通过蜗杆的旋转使蜗轮转动。多头蜗杆传动相较于单头蜗杆传动具有更大的转矩传递能力，适用于需要传递较大转矩、较高精度和较高效率的应用场合。

三、蜗杆传动的旋转方向

在蜗杆传动中，蜗杆和蜗轮的旋转方向必须保持一致才能正常运行。在运行的时候，蜗轮的旋转方向不仅受蜗杆的旋转方向影响，还受蜗杆的螺旋方向影响。因此，在判断蜗杆传动的旋转方向时，我们首先要判断蜗杆的螺旋方向，再根据蜗杆传动时蜗杆的旋转方向，才能判定蜗轮的旋转方向。

（一）蜗杆螺旋方向的判定

在蜗杆传动中，蜗杆、蜗轮和蜗杆、斜齿轮一样有左旋右旋之分，它们的螺旋方向可以用右手定则来判定，其判定方法与螺纹、斜齿轮的旋向判定方法相同。

1. 蜗杆的螺旋方向

右手定则：举起右手，使右手的手心朝着自己，四指的指向与蜗杆的轴向方向保持一致。如果蜗杆的齿向与右手拇指指向一致，则代表该蜗杆的旋向为右旋；如果蜗杆的齿向与右手拇指指向相反，则代表该蜗杆的旋向为左旋，如图 5-5-9 所示。

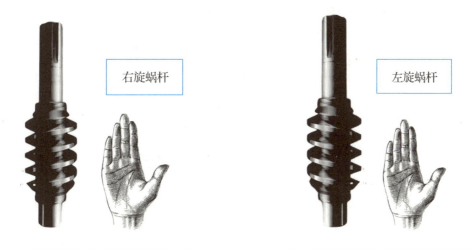

（a）蜗杆的齿向与右手拇指指向一致　　　　（b）蜗杆的齿向与右手拇指指向相反

图 5-5-9　蜗杆螺旋方向的判定

2. 蜗轮的螺旋方向

右手定则：举起右手，使右手的手心朝着自己，四指的指向与蜗轮的轴向方向保持一致。如果蜗轮的齿向与右手拇指指向一致，则代表该蜗轮的旋向为右旋；如果蜗轮的齿向与右手拇指指向相反，则代表该蜗轮的旋向为左旋，如图 5-5-10 所示。

（二）蜗轮旋转方向的判定

在蜗杆传动中，蜗轮的旋转方向与蜗杆的旋转方向、螺旋方向有关。我们前面已经学习了蜗杆螺旋方向的判定，可以通过右手定则或左手定则来判断蜗轮的旋转方向，右旋蜗

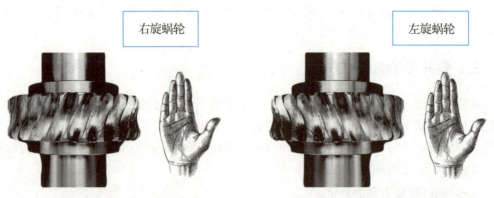

| 右旋蜗轮 | 左旋蜗轮 |

（a）蜗轮的齿向与右手拇指指向一致　　　　（b）蜗轮的齿向与右手拇指指向相反

图 5-5-10　蜗轮螺旋方向的判定

杆用右手，左旋蜗杆用左手，判定方法如下。

右手定则：当蜗杆是右旋时，伸出右手半握拳，四指顺着蜗杆的旋转方向弯曲，这时大拇指指向的相反方向是蜗轮上啮合点的线速度方向，即蜗轮旋转方向，如图 5-5-11（a）所示。

左手定则：当蜗杆是左旋时，伸出左手半握拳，四指顺着蜗杆的旋转方向弯曲，这时大拇指指向的相反方向就是蜗轮上啮合点的线速度方向，也就是蜗轮的旋转方向，如图 5-5-11（b）所示。

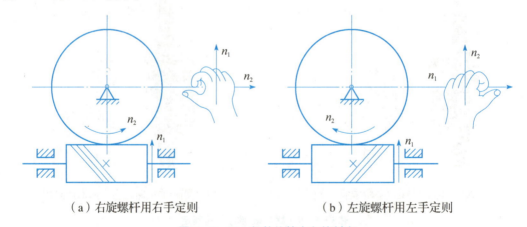

（a）右旋螺杆用右手定则　　　　　　　（b）左旋螺杆用左手定则

图 5-5-11　蜗轮旋转方向的判定

"小"齿轮大作为

"小"齿轮大作为——创新思维引领重庆大学机械人不断突破

机械传动国家重点实验室位于重庆大学 A 区民主湖畔。这是一栋 5 层的实验楼，大厅两侧的展板展示了实验室的发展历程、成果及团队。

"实验室的发展经历了机械化、信息化、智能化的过程。"实验室副主任邵毅敏告诉记者，在20世纪80年代，成立之初的实验室还处于"解决有无"的阶段。

记者在精密传动系统实验室，看见了这个直径约1m的变齿厚蜗轮，旁边放置着与之啮合的环面蜗杆。

实验室攻克的平面二次包络环面蜗杆技术（见图5-5-12），是轧钢机、钻井平台、轨道交通等重型机械装备的关键技术。这个用平面二次包络环面蜗杆技术生产的蜗轮和蜗杆，如今作为展品仍然放置在精密传动系统实验室。

"作为机械传动领域的关键元器件，齿轮依靠连续啮合传递运动和动力。"邵毅敏解释，在设备安装调试中，要把性能调到最优状态，需要传动副之间啮合更精确。

平面二次包络环面蜗杆技术的创新之处在于——在传动副中心距不变的情况下，通过齿面设计与蜗轮轴向移动达到消除间隙、实现精密传动的效果。这个巧妙的构思，获得了尤利卡世界发明博览会金奖。

图5-5-12 侧隙可调式平面包络环面蜗杆传动副

资料来源：佚名.机械传动国家重点实验室："小"齿轮大作为.新华网，2021-05-13.

四、蜗杆传动的失效形式及影响

在蜗杆传动中，由于蜗杆传动的相对滑动速度大，发热量大，传动效率低，蜗杆还具有连续的螺旋齿，而且其材料的强度高于蜗轮轮齿的强度，所以失效多发生在蜗轮轮齿上。失效的主要形式有齿面的磨损、胶合、点蚀和轮齿的弯曲、折断等。其中，胶合和磨损破坏更为常见。

蜗杆传动主要失效形式的影响包括以下几种情况：

（1）蜗杆轴断裂：蜗杆轴由于过大的扭矩或材料质量问题而断裂，导致传动失效。

（2）蜗杆轴磨损：长时间使用或设计不合理会导致蜗杆轴表面磨损，降低传动效率和增加传动噪声。

（3）蜗杆和蜗轮啮合不良：蜗杆和蜗轮之间的啮合不良导致传动失误，影响传动效率和传动精度。

（4）弹性变形：工作过程中蜗杆或蜗轮发生弹性变形，导致啮合间隙变大，传动不稳定。

（5）温升过高：蜗杆传动由于摩擦和能量损失会产生一定的温升，过高的温度会导致润滑不良、材料膨胀等问题，影响传动性能。

（6）润滑不良：蜗杆传动中的润滑不良会导致磨损增加、摩擦增大，降低传动效率和增加噪声。

（7）脱齿和磨损：蜗轮齿面和蜗杆之间的摩擦和磨损能导致啮合面脱齿，从而导致传动失效。

为了减少传动失效，需要合理选择材料、设计合适的啮合几何参数、采用合理的润滑和冷却方法，并加强维护和保养。

拓 展 提 升

火灾是一种发展迅速、危害极大的灾害。消防水炮是一种高效快捷的灭火工具，能尽早扑灭大火，防止轰燃的发生，因此在消防领域发挥着巨大的作用。现有的消防水炮转动机构大都采用蜗轮—蜗杆传动方式，它具有结构紧凑、传动比大、容易实现自锁等优点。请根据图 5-5-13 所示的蜗轮蜗杆消防水炮，简单说说这两种消防水炮的旋转和俯仰该如何控制。

（a）　　　　　　　　（b）

图 5-5-13　蜗轮蜗杆消防水炮

第六节　螺旋传动

一、螺旋传动的概念与特点

（一）螺旋传动的概念

螺旋传动是由有外螺纹的蜗杆和有内螺纹的螺母相互啮合组成，利用蜗杆和螺母组成的螺旋副，通过相对旋转来实现传动的要求。螺旋传动广泛应用于各种机械设备和工业领域，主要用于将回转运动转变为直线运动或将直线运动转变为回转运动，同时传递运动或动力。

在新能源汽车上，螺旋传动可以应用于电动座椅的调节机构，通过控制不同螺旋蜗杆的旋转位置，实现座椅的高度调节、倾斜角度调节等功能，为乘客提供舒适的坐姿调节体验，如图5-6-1所示。

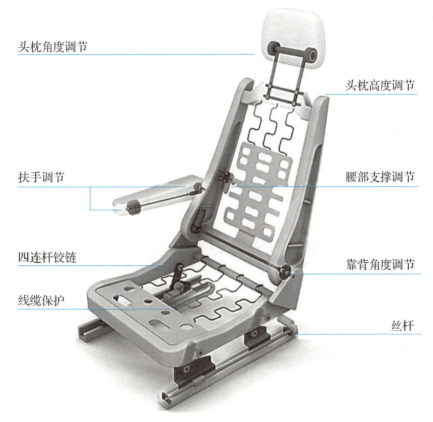

头枕角度调节

头枕高度调节

扶手调节

腰部支撑调节

四连杆铰链

靠背角度调节

线缆保护

丝杆

图5-6-1　电动座椅的调节机构

图5-6-1中的丝杆就是螺旋传动在汽车电动座椅上的应用，负责座椅的前后移动。电动座椅的电机和蜗杆总成如图5-6-2所示。

（二）螺旋传动的特点

螺旋传动具有以下特点：

（1）力传递平稳：螺旋传动的啮合过程为逐点啮合，相比其他齿轮传动方式，传动过程更平稳，减少了冲击和震动。

图5-6-2　电动座椅的电机和蜗杆总成

（2）传动效率高：螺旋传动的齿面接触面积大，摩擦力均匀分布，传动效率较高。

（3）传动力大：螺旋传动的齿面接触宽度大，齿数多，因此能够承受更大的传动力。

（4）噪声小：由于螺旋传动是逐点啮合，传动过程中噪声相对较小。

（5）传动方向多样：螺旋传动可通过改变旋转方向来实现正向、反向或斜向传动，比较灵活。

螺旋传动在机械工程中具有广泛应用，如在汽车、船舶、工程机械等领域，常见的应用有螺旋传动箱、螺旋传动联轴器等。

从0到1

攻克国际难题——螺旋传动轴向电涡流阻尼器

"要把原始创新能力提升摆在更加突出的位置，努力实现更多'从0到1'的突破……"。在9月11日召开的科学家座谈会上，习近平总书记深入阐述加快科技创新的重大战略意义，为我国科技创新指明了方向。

在湖南大学风工程与桥梁工程湖南省重点实验室里，陈政清院士严谨地为记者科普了专利技术发明原理之后表示，团队经过不懈努力首创了大吨位永磁板式电涡流调谐质量阻尼器和螺旋传动轴向电涡流阻尼器，攻克了国际上一直没有解决的电涡流阻尼难以用于低频大型工程结构的难题，在该领域处于国际领跑地位。

据介绍，陈政清院士的研究成果成功应用于中国最高建筑上海中心大厦、摩洛哥世界最高光热集热塔、川藏铁路及10座千米级大桥的减震系统，并正在协商将该成果应用于世界最高建筑迪拜塔的减震系统，近三年创造经济效益达3.8亿元，土木工程逐渐推广至高铁列车等领域的结构减震、形成震动控制领域的共性关键技术。

资料来源：苏兰. 攻克国际难题：螺旋传动轴向电涡流阻尼器. 经济日报，2020-09-15.

二、螺旋传动的分类

（一）按照螺旋传动的用途分类

1. 传导螺旋传动

传导螺旋传动是一种利用螺旋线的传导作用实现力的传递和位置变换的装置。传导螺旋传动通常由螺旋蜗杆和螺母组成。传导螺旋传动的工作原理是，当螺旋蜗杆转动时，螺母会随之在螺旋线的导向下移动，从而实现力的传递和位置的变换，如图5-6-3所示。工作台的平移机构就是传导螺旋传动机构。

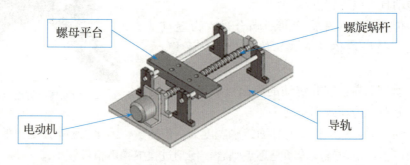

螺母平台　　　　　螺旋蜗杆

电动机　　　　　导轨

图5-6-3 传导螺旋传动

传导螺旋传动具有以下特点：（1）力传递和位置变换；（2）较高的力传递效率；（3）精

度一般较低；（4）刚性一般；（5）适用于低速轻负载传递。

2. 传力螺旋传动

传力螺旋传动是一种通过直接力传递来实现传动的装置。传力螺旋以传递动力为主，以较小的转矩产生较大的轴向力，用以举重或克服其他相当大的生产阻力。传力螺旋传动由螺旋蜗杆和螺母组成，通过螺旋蜗杆的螺纹和螺母的螺纹配合，力可以通过直接的推力或拉力作用于螺旋蜗杆来进行传递。传力螺旋传动适用于一些精度要求较低、刚性要求一般且扭矩较大的应用场合。如图5-6-4所示，汽车随车的螺旋千斤顶就是传力螺旋传动机构。

传力螺旋传动

图5-6-4　传力螺旋传动机构

传力螺旋传动具有以下特点：（1）直接力传递；（2）精度较低；（3）刚性一般；（4）适用于低速高扭矩传递；（5）制造和维护较简单。

3. 调整螺旋传动

调整螺旋传动是一种可以调整传动间隙或预紧力的螺旋传动装置。调整螺旋传动通常由螺旋蜗杆和螺母组成，在螺母或螺旋蜗杆上增加了可以改变传动间隙或预紧力的调整装置。这些调整装置可以是螺纹结构、螺母的弹簧装置、液压和气动装置等。调整螺旋传动适用于一些需要灵活性、可调性和定期调整传动条件的应用场合。它可以根据实际需求进行调整，以满足不同的工作要求，主要用来调整并固定零件或工件位置。如图5-6-5所示，外径千分尺就是调整螺旋传动机构。

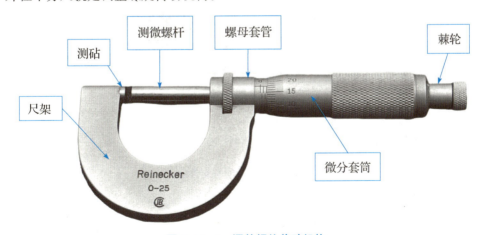

图5-6-5　调整螺旋传动机构

调整螺旋传动具有以下特点：（1）可调节的传动间隙；（2）可调节的预紧力；（3）提

供灵活性和可调性；（4）操作相对简便。

（二）按照螺旋副的摩擦性质分类

1. 滚珠螺旋传动

滚珠螺旋传动（见图5-6-6）是一种通过滚珠和滚珠螺母来进行螺旋传动的装置。滚珠蜗杆是一种具有螺旋形线条的金属杆，其表面有一定的螺距。滚珠螺母则是一个与滚珠蜗杆配合的零件，其内部有一系列的滚珠。在滚珠螺旋传动中，滚珠蜗杆与滚珠螺母之间通过滚珠的滚动来实现传动，在机械传动系统中应用广泛，特别是对于需要高精度定位和重复性精度要求的场合。滚珠螺母内部结构如图5-6-7所示。

图5-6-6　滚珠螺旋传动　　　　图5-6-7　滚珠螺母内部结构

滚珠螺旋传动具有以下特点：（1）高效率；（2）高精度；（3）高刚性；（4）长寿命；（5）低摩擦。

2. 滑动螺旋传动

滑动螺旋传动是一种通过螺纹与螺纹之间的滑动摩擦来传递动力和扭矩的机械传动装置，如图5-6-8所示。其主要特点如下：（1）结构简单；（2）适用范围广；（3）承载能力强；（4）精度低；（5）摩擦磨损较大；（6）润滑要求高。

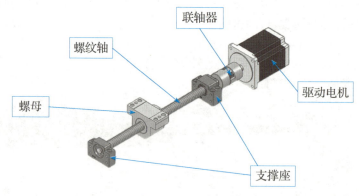

图5-6-8　滑动螺旋传动

3. 静压螺旋传动

静压螺旋传动是一种通过油膜静压力来实现传动的装置。静压螺旋传动有一套可靠的供油系统，其工作原理如图5-6-9所示。来自液压泵的润滑油经过过滤器后，从图5-6-9中的进油口流经节流阀，从节流阀出来之后流入螺母螺纹牙侧面的油腔，进入工作螺纹的间隙，在蜗杆与螺母之间形成静压油膜，然后经各回油口，从回油管路流回油箱。

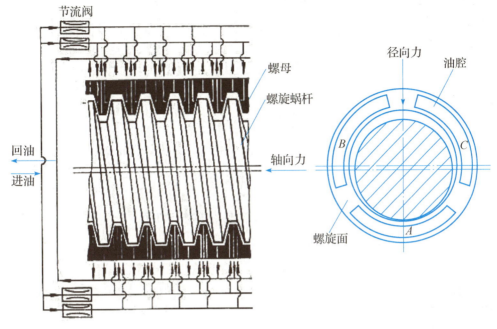

图 5-6-9 静压螺旋传动

静压螺旋传动利用液体（通常是油）在螺旋蜗杆与螺母之间形成静压油膜，在油膜的支撑作用下，实现传动效果。静压螺旋传动适用于对精度、刚性和寿命要求较高的应用场合。静压螺旋传动具有高精度、高刚性、长寿命、高效率和自润滑的特点。

三、普通螺纹传动

（一）普通螺旋传动的运动形式

（1）螺母不动，蜗杆转动并做直线运动，如图 5-6-10（a）所示。常用于蜗杆位移式台虎钳、千分尺等。

（2）蜗杆原位转动，螺母做直线运动，如图 5-6-10（b）所示。常用于车床横刀架、丝杆传送平台等。

（3）螺母原位转动，蜗杆做往复运动，如图 5-6-10（c）所示。常用于拆装用的活动扳手、拉马器等。

（4）蜗杆不动，螺母回转并做直线运动，如图 5-6-10（d）所示。常用于螺旋千斤顶、螺旋夹紧机构等。

（二）普通螺旋传动中运动方向的判定方法

（1）右旋螺纹用右手，左旋螺纹用左手。手握空拳，四指指向与蜗杆（或螺母）回转方向相同，大拇指竖直。

（2）若蜗杆（或螺母）回转并移动，螺母（或蜗杆）不动，则大拇指指向即为蜗杆（或螺母）的移动方向。

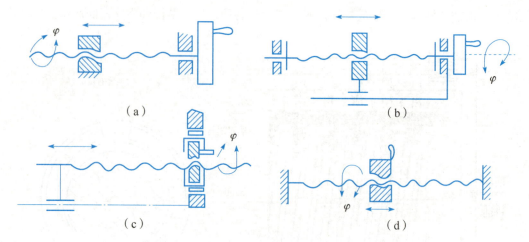

（a） （b）

（c） （d）

图 5 - 6 - 10　普通螺旋传动的四种运动形式

（3）若蜗杆（或螺母）回转，螺母（或蜗杆）移动，则大拇指指向的相反方向即为螺母（或蜗杆）的移动方向。

　　在汽车维修工具设备里还有台式双孔三爪拉马（见图 5 - 6 - 11）、防爆管子台虎钳（见图 5 - 6 - 12）是利用螺旋传动原理进行工作的，请学习如何使用它们。

图 5 - 6 - 11　台式双孔三爪拉马

图 5 - 6 - 12　防爆管子台虎钳

实践出真知

实训任务一

一、实训内容

发动机传动皮带的更换。

二、作业准备

1. 场地设施：一体化课室。

2. 工具设备：棘轮扳手、套筒、接杆、梅花扳手。

三、操作步骤

1. 拆卸传动带。

（1）选择合适的扳手松开螺栓 A，如图 5-6-13 所示。

图 5-6-13　松开螺栓 A

（2）选择合适的扳手松开螺栓 B（见图 5-6-14）和螺栓 C（见图 5-6-15），当松开螺栓 C 后传动带的张紧力就消失了，传动带变松，这时就可以取下传动带了。

图 5-6-14　松开螺栓 B

图 5-6-15　松开螺栓 C

（3）检查螺栓 D，确保没有松动，如图 5-6-16 所示。

（4）取下发电机传动带，如图 5-6-17 所示。

图 5-6-16　检查螺栓 D

图 5-6-17　取下发电机传动带

2. 检查发电机传动带。

（1）对取下的传动带进行检查（见图 5-6-18），如果传动带存在明显裂纹，则证明已经到了使用极限，继续使用就容易出现传动带打滑、断裂，影响发电机、水泵的正常工作。传动带的外表面如果出现开裂或断层，说明传动带已经老化，不宜继续使用，应更换新的传动带。

（2）检查发电机的传动带轮，如果发电机传动带出现了偏磨现象，应重点检查相关总成或部件的传动带轮是否变形（重点检查条形槽），相关总成部件的安装位置是否发生偏移或松动。上述原因容易导致传动带磨损。

3. 发电机传动带安装。

（1）安装传动带，传动带安装的位置如图 5-6-19 所示。

图 5-6-18　检查传动带

发电机
水泵
压缩机
曲轴

图 5-6-19　安装传动带的位置

（2）在把传动带安装到带轮上时，检查并确认传动带正确安装在楔形槽中。用手检查，以确认传动带没有从曲轴传动带轮底部的凹槽中滑脱，如图 5-6-20 所示。

（3）安装发电机传动带，在传动带安装好后，要对传动带的走向和安装到位情况进行确认，以免返工费时和损坏传动带，如图 5-6-21 所示。

图 5-6-20　用手检查传动带

图 5-6-21　确认传动带安装情况

（4）转动螺栓 C，以调节传动带的张紧力，紧固螺栓 A 和螺栓 B。

扭矩：螺栓 A 为 19N·m；螺栓 B 为 43N·m。

（5）再次检查传动带，用 98N 的力往下按传动带，此时传动带应可以往下偏移 7.5～8.6mm，如图 5-6-22 所示。

（6）整理工位及工具。作业项目完成后，要做好工位的清洁、清理、清扫和整理工作，培养良好的工作习惯。

图 5-6-22　再次检查传动带

实训任务二

一、实训内容

大众 AJR 发动机机油泵的拆装。

二、作业准备

1. 场地设施：一体化课室。

2. 设备工具：大众 AJR 发动机台架，世达工具车。

3. 耗材：干净抹布，清洁剂。

4. 操作前明确操作方法，不盲目操作；工量具选用正确，不得暴力操作；实施作业过程中要做到 6S。

三、操作步骤

1. 油底壳的拆卸。

（1）转动台架翻转手柄，将 AJR 发动机翻转 90°，使油底壳朝上，如图 5-6-23 和图 5-6-24 所示。翻转时注意安全。

图 5-6-23　翻转发动机

图 5-6-24　翻转油底壳

（2）拆卸油底壳螺栓时，要遵循从两边向中间呈对角，分 2~3 次拧松的原则，防止接合面变形。拆下的螺栓置于油底壳中。

（3）拧松机油泵驱动链轮螺栓，用手扳开链条张紧器，取下链轮置于工作台上，如图 5-6-25 所示。

（4）拆卸机油泵及挡油板，置于工作台上。

（5）注意工具的正确选用和使用方法。

（6）将各零部件有序置于工作台上。

2. 根据与安装相反的顺序，装复各零部件及总成（见图 5-6-26）。装复时注意机油泵转子的安装方向、安装顺序及拧紧力矩。

图 5-6-25　扳开链条张紧器

图 5-6-26　装复各零部件及总成

3. 清理、整理、回位。

实训任务三

一、实训内容

圆柱斜齿轮减速器拆装。

二、作业准备

1. 设备工具：圆柱斜齿轮减速器，活动扳手、开口扳手、梅花扳手各一套，轴承拉卸器一个，2P榔头一把，紫铜棒1根，冲子一个，铜钳口一副等。

2. 耗材：干净抹布，0♯柴油。

3. 场地设施：一体化课室。

4. 操作前明确操作方法，不盲目操作；工量具选用正确，不得暴力操作；实施作业过程中要做到6S。

三、操作步骤

1. 拆下观察窗盖板螺钉，取下盖板，检查齿轮啮合与润滑油情况，并拧开放油塞的螺钉，放尽润滑油。

2. 取出箱座与箱盖连接的定位圆锥销和连接螺栓，旋转启盖螺钉，使箱座与箱盖分开，并拿开箱盖，如图5-6-27所示。

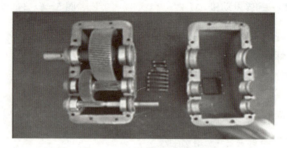

图5-6-27　分开箱座与箱盖

3. 分别将三个齿轮轴系组件、轴承端盖、调整垫做好标记，依次取出，如图5-6-28所示。

图5-6-28　标记齿轮轴系组件

4. 将各轴系组件分别拆解零件，如图 5 - 6 - 29 所示。

图 5 - 6 - 29　拆解轴系组件

5. 去除零件上的毛刺、铁锈、切屑、油污，并用柴油清洗。

6. 装配过程（装配顺序与拆卸顺序相反）。

（1）轴系组件装配。

（2）将各部组件、零件总装。

（3）轴承的轴向工作游隙调整，采用调整轴承端盖与轴承外圆端面之间垫片厚度的方法来控制其工作间隙。

7. 工量具整理、清点、保养。

实训任务四

一、实训内容

纯电动汽车减速器是纯电动汽车驱动总成的重要组成部分，请熟练掌握纯电动汽车减速器的拆装步骤，并能正确说明纯电动汽车驱动电机在减速器里的动力传递路线。

二、作业准备

1. 设备工具：比亚迪 E5 驱动总成拆装台架。

2. 拆装前明确操作方法，不盲目操作；工量具选用正确，不得暴力操作；实施作业过程中要做到 6S。

3. 提前分离驱动总成的驱动电机和减速机构，并做好固定和保护，确保实训安全。

三、操作步骤

减速器拆装步骤如表 5 - 6 - 1 所示。

表 5 - 6 - 1　减速器拆装步骤

1	分解变速箱体	分解前转动检查齿轮组件轮系；交错拧开用于连接固定变速器前后箱体的螺栓，将后箱体与前箱体分离；按维修手册指定点分离箱体；拆分过程中使用一字螺丝刀，按照垫布（或裹胶布）的方法加以保护；拆分箱体时注意保管前箱体上的磁铁槽中掉出的磁铁

续表

2	拆卸差速器组件	拆卸差速器组件轴承压板螺栓；取下差速器总成
3	差速器分解	取下左侧轴承；取下右侧轴承；取半轴齿轮组件，使用管子钳固定半轴的时候使用抹布保护半轴，正确选用专用工具（多功能轴承拉马）
4	拆卸副轴组件	拆卸副轴轴承压板螺栓；取下副轴；正确使用卡簧钳取下副轴轴承卡簧；拆卸副轴轴承卡簧时，使用一字螺丝刀按照垫布（或裹胶布）的方法加以保护
5	拆卸主轴组件	拆卸主轴轴承压板螺栓扣；取下主轴；使用一字螺丝刀按照垫布（或裹胶布）的方法加以保护取出全部 3 个油封
6	拆卸油封	无论油封是否受损均应提出更换
7	清洁组件	清洁装配时要佩戴安全帽、护目镜，使用吹气枪对差速器组件表面及差速器壳体内部的粉尘、铁屑等杂质进行清洁；使用工具（铲刀）对前后合箱面进行刮蹭处理，刮平高点
8	安装油封	涂润滑油使用油封工装将 3 个全新油封装入变速器后箱体
9	安装副轴轴承	正确安装副轴轴承
10	安装主轴组件	摆正主轴组件和压板；按规定先用手拧进螺栓 2～3 圈，再紧固压板螺栓扣
11	安装副轴组件	摆正副轴组件和压板；按规定先拧进螺栓 2～3 圈，再紧固压板螺栓
12	组装差速器	安装左、右侧轴承；安装半轴齿轮组件；组装完成后转动行星齿轮或半轴齿轮，检查是否有卡滞
13	安装差速器组件	摆正差速器组件和压板；按规定先用手拧进螺栓 2～3 圈，再紧固压板螺栓；安装期间微调各组件（转动），以便安装过程顺畅
14	安装前后箱体	在合箱前检查磁铁、合箱定位销安装情况；按规定先用手拧进螺栓 2～3 圈，再紧固前后箱体固定螺栓，使用专用工具（预知式扭力扳手）紧固前后箱体总成（标准力矩为 25N·m，紧固时减半）

实训任务五

一、实训内容

蜗杆蜗轮减速器拆装。

二、作业准备

1. 设备工具：蜗杆蜗轮减速器（见图 5-6-30）。

2. 操作前明确操作方法，不盲目操作；工量具选用正确，不得暴力操作；实施作业过程中要做到 6S。

图 5-6-30　蜗杆蜗轮减速器

三、操作步骤

蜗杆传动的安装精度要求很高，实训时按以下步骤进行。

1. 准备工作：安装蜗杆传动前，需要准备好所需的工具和设备，检查各个零部件是否完好。

2. 定位安装：根据传动装置的要求，将蜗杆传动正确地定位在设备上，保证传动轴线和设备轴线的一致性。

3. 调整对中：通过调整蜗杆与蜗轮之间的间隙，保证传动装置的正常运行和寿命。

4. 固定固定件：使用适量的紧固件将传动装置固定在设备上，确保装置的稳定性。

5. 检查和试运行：安装完成后，进行全面检查和试运行，确保传动装置正常运行和性能。

实训任务六

一、实训内容

在汽车随车的检修工具里面，随车千斤顶就是螺旋传动机构，需要认真观察随车千斤顶，深入理解螺纹的主要参数与分类，并能熟练掌握千斤顶的使用方法及注意事项。

二、作业准备

1. 设备工具：英博螺旋千斤顶（见图5-6-31）、实训整车。

2. 操作前明确操作方法，不盲目操作；工量具选用正确，不得暴力操作；实施作业过程中要做到6S。

三、操作步骤

1. 检查千斤顶的状态，确保蜗杆和基座没有损坏或松动，并且螺旋纹清洁无擦伤。

图5-6-31　英博螺旋千斤顶

2. 放置千斤顶，将千斤顶放置在车侧裙支撑点的正下方，确保基座与地面接触牢固。

3. 扭转螺柄，顺时针旋转螺柄，使蜗杆缓缓向上升起。当千斤顶支撑点靠近车身支撑点的时候，再次确认这两个点是否对齐，如果没有对齐就需要修正。

4. 观察举升过程，扭转螺柄开始举升车身，当轮胎刚刚离地时，要注意观察其稳定性，确保没有倾倒或失稳的风险后，再继续举升。

5. 调整升高，根据需要，可以适当调整蜗杆升高的高度，但是要谨慎操作，避免过快或过高引发安全隐患。

6. 完成工作后放下，在使用完毕后，逆时针旋转螺柄，使蜗杆缓慢下降，直到轮胎落地，车身回到原位。

检测评价

请根据表5-6-2完成检测评价。

表5-6-2　检测评价

考评项目	分数	自我评价	小组互评	教师评价	小计
劳动纪律	10				
沟通能力及团队协作精神	10				

续表

考评项目	分数	自我评价	小组互评	教师评价	小计
活动参与度	10				
设备使用	5				
查找维修资料、文献等取得信息的能力	15				
任务完成情况	40				
6S管理执行力	10				
总分	100				
教师签名：				得分	

本章小结

带传动是利用张紧在带轮上的柔性带进行运动或动力传递的一种机械传动。

带传动具有结构简单、传动平稳、能缓冲吸震，可以在大的轴间距和多轴间传递动力，造价低廉、不需润滑、维护容易等特点。

链传动是啮合传动，平均传动比是准确的。它是利用链与链轮轮齿的啮合来传递动力和运动的机械传动。

链传动在汽车发动机中的应用主要有以下几个方面：曲轴与凸轮轴的传动；油泵和水泵的传动。

齿轮通过齿与齿之间的啮合作用实现传递转矩和运动的功能。齿轮传动是机械行业中一种非常常见和重要的传动方式，它具有高效、可靠和精确的特点。

齿轮传动具有变速、变矩和变向的作用。

由一系列齿轮相互啮合所组成的传动系统称为轮系。

蜗杆传动由蜗杆、蜗轮和机架组成，通常蜗杆与蜗轮的轴线在空间里交错成90°，主要用于空间两交错轴之间运动和动力的传递。

螺旋传动由有外螺纹的蜗杆和有内螺纹的螺母相互啮合组成，利用蜗杆和螺母组成的螺旋副，通过相对旋转来实现传动的要求，螺旋传动主要用于将回转运动转变为直线运动或将直线运动转变为回转运动，同时传递运动或动力。

同步练习

一、填空题

1. 根据工作原理不同，带传动可分为＿＿＿＿＿＿＿和＿＿＿＿＿＿＿两种类型。

2. 普通V带传动是依靠带的＿＿＿＿＿＿＿与带轮轮槽＿＿＿＿＿＿＿相接触产生摩擦力而工作的。

3. 按照结构形式不同，传动链可以分为＿＿＿＿＿＿＿和＿＿＿＿＿＿＿两种类型。

4. 链传动的张紧用＿＿＿＿＿＿＿张紧。张紧轮直径应稍＿＿＿＿＿＿＿小链轮直径，并置于松边侧靠近小链轮处。

5. 齿轮传动是汽车上应用广泛的传动之一，它具有_____、_____和_____的作用。

6. 渐开线直齿圆柱齿轮正确啮合的条件是_____、_____。

7. 在定轴轮系里，根据轮系中所有齿轮的轴线平行与否，轮系分为_____和_____两种。

8. 根据蜗杆的形状不同，蜗杆传动可分为_____、_____及_____。

二、选择题

1. 能够数根并用，并且传动比相对稳定，运行平稳的带传动类型是（　　）。

A. 平带　　　　　　　B. V带　　　　　　　C. 多楔带　　　　　　D. 圆形带

2. 在圆周速度 $v<30\text{m/s}$ 时，带轮最常用材料为（　　）。

A. 低碳钢　　　　　　B. 弹簧钢　　　　　　C. 铸铁　　　　　　　D. 合金钢

3. 齿形链常用于（　　）传动。

A. 低速　　　　　　　B. 高速　　　　　　　C. 超低速　　　　　　D. 超高速

4. 封闭式链传动的传动效率为（　　）。

A. 35%～40%　　　　B. 45%～50%　　　　C. 75%～80%　　　　D. 95%～98%

5. （　　）是闭式齿轮传动中轮齿失效的主要形式之一。

A. 齿面点蚀　　　　　B. 轮齿折断　　　　　C. 齿面磨粒磨损　　　D. 齿面胶合

6. 以下属于行星齿轮机构元器件的是（　　）。

A. 蜗轮　　　　　　　B. 滚珠螺母　　　　　C. 太阳轮　　　　　　D. 机座

7. 静压螺旋传动是一种通过（　　）来实现传动的装置。

A. 螺纹轴　　　　　　B. 油膜静压力　　　　C. 螺母　　　　　　　D. 滚珠

三、问答题

1. 带传动的特点有哪些？
2. 链传动的特点有哪些？
3. 齿轮传动常见的失效形式有哪些？
4. 请你说说齿轮传动在汽车上的应用情况。
5. 蜗杆传动的优点是什么？
6. 请你说说螺旋传动在汽车或者相关维修设备上的应用。

学习目标

知识目标： 1. 了解轴的作用与分类，熟悉传动轴等汽车上常见的轴类零件。

2. 掌握轴上零件的定位和固定方法。

3. 掌握滑动轴承的作用、特点、类型，轴瓦的结构。

4. 了解滑动轴承的材料、失效及润滑。

5. 掌握滚动轴承的结构、类型、固定形式及拆装。

6. 了解滚动轴承的失效形式、密封和润滑。

能力目标： 1. 能在汽车上找出各种支承零部件。

2. 能根据支承零部件的工作场合分析其作用及工作过程。

3. 能正确使用各种拆装检测工具。

4. 能进行支承零部件的简单拆装与检测。

素养目标： 培养学生良好的职业道德。

建议学时

6 个学时。

课程导入

　　轴是机器中必不可少的零件，由于轴的旋转速度很快，同时承受载荷，所以对轴的材料提出了很高的要求。如何在高速重载条件下保证轴上零件的固定位置可靠，我们需要根据轴的结构，对轴上零件采取合理的轴向定位和固定、周向定位和固定。支承轴及轴上回转零件的重要部件是轴承，根据工作场合及特点，合理选择滑动轴承及滚动轴承。本章我们将重点学习轴、滑动轴承、滚动轴承等相关知识。

知识储备

第一节 轴

轴是机器中最基本、最重要的零件之一，在汽车上更是随处可见，如减速器中的转轴、传动轴、半轴等，在汽车的安全行驶中发挥了重要作用。

一、轴的作用与分类

（一）轴的作用

轴的主要作用是支承回转零件（齿轮、带轮等）、传递运动和动力。图6-1-1所示是普通汽车的传动系示意图，变速器和驱动桥中采用轴支承齿轮，传动轴传递动力，半轴支承轴承和齿轮。

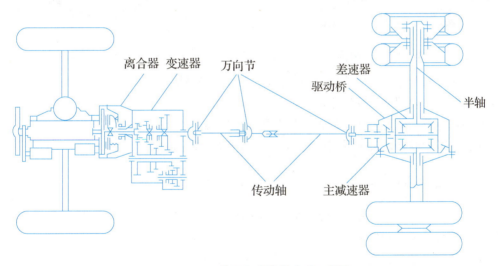

图6-1-1 普通汽车的传动系示意图

（二）轴的分类

按轴的轴线形状不同，轴可以分为直轴、曲轴、软轴。

1. 直轴

直轴的轴线为一直线。按直轴外形不同，又可分为光轴（直径无变化）（见图6-1-2）、阶梯轴（直径有变化）（见图6-1-3）。

图 6-1-2　光轴

图 6-1-3　阶梯轴

2. 曲轴

曲轴是汽车发动机等机器中用于往复运动和旋转运动的相互转换的零件。曲轴各段的轴线不在同一条直线上，如图 6-1-4 所示。

3. 软轴

软轴可以把回转运动传到任何位置，较其他轴更为灵活，如图 6-1-5 所示。

图 6-1-4　曲轴　　　　　　　　　　　　　　　　图 6-1-5　软轴

按轴所受载荷不同，轴可以分为传动轴、心轴、转轴。

传动轴：主要用来承受转矩的轴，如汽车的传动轴。

心轴：主要承受弯矩作用的轴，如自行车车轮轴。

转轴：既承受转矩又承受弯矩作用的轴，如减速器中间轴。

二、轴的常用材料

轴的材料一般选用中碳钢，如 45 钢。中碳钢经过热处理后，可以提高力学性能，具有良好的切削加工性和经济性。

对于重要的零件，要求强度高、尺寸小或具有其他要求的轴，可以选用合金钢，如 20Cr、40Cr。这类钢的力学性能优于中碳钢，具有承受载荷大、质量轻等特点，但对应力集中比较敏感，价格较贵，因此在承受重载荷或较重载荷时尺寸受到一定的限制。

三、轴的结构

轴一般由轴头、轴身、轴颈三部分组成，轴上与轴承配合的部分称为轴颈，与轴上零件配合的部分称为轴头，连接轴头和轴颈的部分叫作轴身，如图 6-1-6 所示。

（一）轴的结构应满足的要求

（1）轴的受力合理，有利于提高轴的强度和刚度。

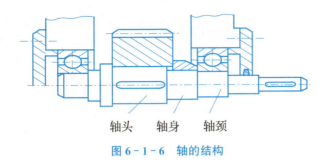

轴头　　轴身　　轴颈

图 6 - 1 - 6　轴的结构

（2）轴上零件定位准确，固定可靠。

（3）轴应便于加工，轴上零件应便于装拆和调整。

（4）尽量减小应力集中。

（二）轴上零件的固定

轴上零件的固定主要包括轴向固定和周向固定。

1. 轴上零件的轴向固定

轴上零件的轴向固定是为了保证零件在轴上沿轴线的方向具有确定的位置，防止发生轴向移动。常用的轴向固定方法、简图、特点及应用见表 6 - 1 - 1。

表 6 - 1 - 1　轴上零件的轴向固定方法、简图、特点及应用

固定方法	简图	特点及应用
轴肩与轴环		阶梯轴上截面变化的部位称为轴肩或轴环。 为了减小应力集中，常把轴肩、轴环处的过渡部位加工成过渡圆角。为保证轴上零件的轮毂端面与定位面紧贴，轴肩和轴环的圆角半径 r 应小于零件轮毂孔端的圆角半径 R 或倒角 c。 为了拆卸方便，安装滚动轴承处的轴肩和轴环高度必须低于轴承内端面的高度
套筒		结构简单，定位可靠，常用于轴上零件间距较短的场合，当轴的转速较高时不宜采用
圆螺母		定位可靠，装拆方便，可承受较大的轴向力，常用于轴的中部和端部

续表

固定方法	简图	特点及应用
圆锥面	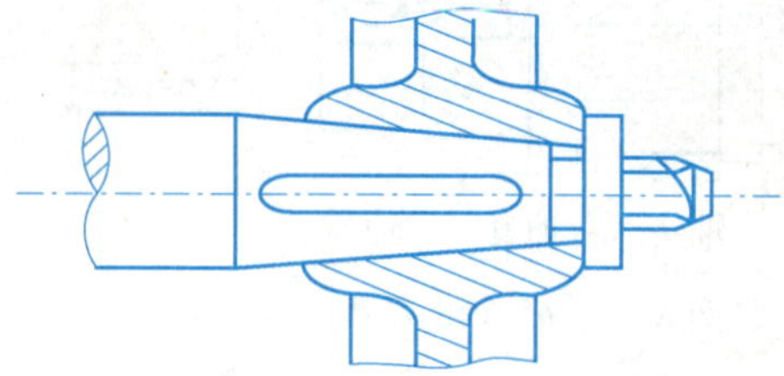	常用于轴端，结构简单，装拆方便，多用于轴的同心度要求较高的场合
弹性挡圈	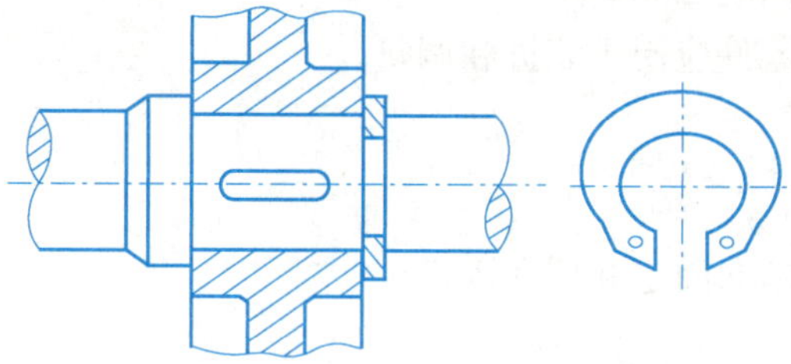	结构简单紧凑，只能承受很小的轴向力，可靠性差，常用于固定滚动轴承
紧定螺钉	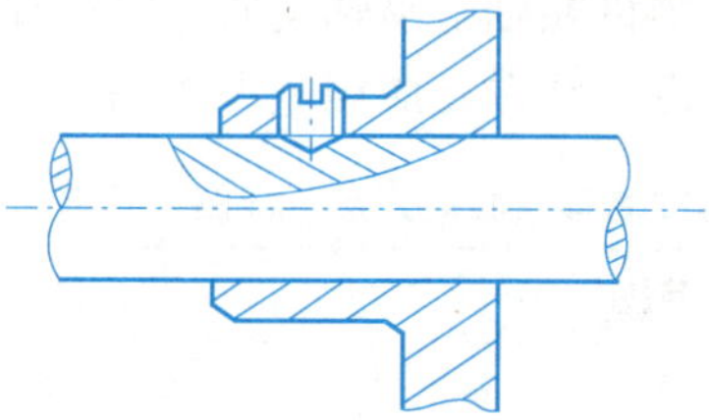	结构简单，同时起轴向固定作用，但承载能力较低，且不适合于高速场合
轴端挡圈	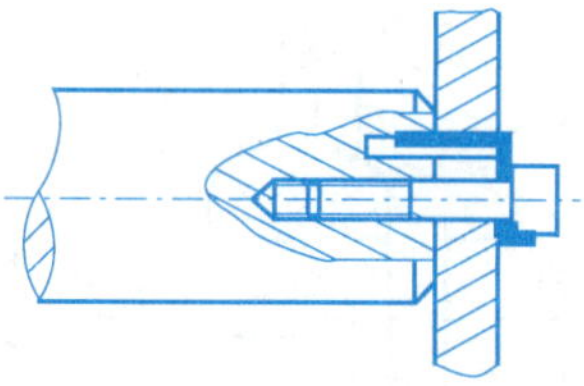	工作可靠，可承受剧烈震动和冲击载荷。使用时，采取止动垫片等防松装置。常用于固定轴端零件

2. 轴上零件的周向固定

轴上零件的周向固定是为了保证轴能可靠地传递运动和转矩，防止轴上零件与轴产生相对转动。常用的周向固定方法、简图、特点及应用见表 6-1-2。

表 6-1-2 轴上零件的周向固定方法、简图、特点及应用

固定方法	简图	特点及应用
键连接	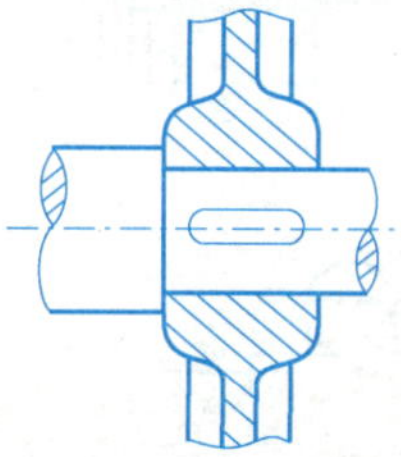	制造简单，装拆方便，对中性好，可用于较高精度、较高转速及冲击载荷作用的固定

续表

固定方法	简图	特点及应用
销连接		常用作安全装置，过载时可被剪断，防止损坏重要零件，但不能承受较大载荷
紧定螺钉连接		端部拧入轴上凹坑实现固定。结构简单，不能承受较大载荷，只适用于辅助连接
过盈配合连接		定位固定可靠，但装拆困难，适用于不常拆卸的场合。连接通常采用圆柱面，常用装配方式为压入法和温差法

四、汽车上常见的轴类零件

（一）传动轴

在汽车传动系统中，为了实现一些轴线相交或相对位置经常发生变化的转轴之间的动力传递，必须采用万向传动装置，如图 6-1-7 所示。万向传动装置一般由万向节和传动轴组成，有时还要有中间支撑。大部分传动轴做成空心式。

汽车上常见的
轴类零件

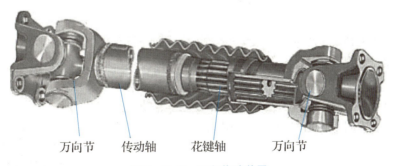

万向节　　传动轴　　花键轴　　万向节

图 6-1-7 万向传动装置

1. 作用

把变速器输出的转矩传递到驱动桥上。

2. 基本要求

（1）保证所连接的两根轴相对位置在预计范围内变动时，能可靠地传递动力。

（2）保证所连接的两根轴尽可能等速运转。

（3）附加载荷应在允许范围内。

（4）传动效率高，使用寿命长，结构简单，制造方便，维修容易等。

（二）半轴

半轴是汽车传动系统的重要组成部件之一，位于差速器与车轮之间，将差速器输出的动力传递给左右两轮，并能随车轮的跳动而改变传动角度，以保证动力源源不断地传递给车轮。

半轴的组成部件因悬架形式的不同而有所差异，以独立式悬架为例，其由半轴、万向节和防尘罩等组成，如图6-1-8所示。

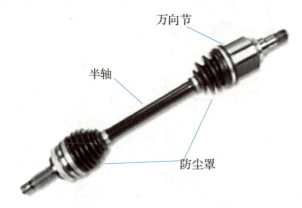

图6-1-8 独立式悬架（半轴）

1. 作用

（1）将万向传动装置传递的发动机转矩通过主减速器、差速器、半轴等传递到驱动车轮，实现降速增大转矩。

（2）通过主减速器圆锥齿轮副改变转矩的传递方向。

（3）通过差速器实现两侧车轮差速作用，保证内、外侧车轮以不同转速行驶。

（4）通过桥壳体和车轮实现承载及传递力矩。

2. 类型

（1）全浮式半轴。工作时仅承受转矩，两端不受任何弯矩的半轴称为全浮式半轴。半轴的外端用螺栓紧固到轮毂上，因工作可靠而被广泛应用在商用车上。

（2）半浮式半轴。工作时除传递转矩外，还要承受弯矩的半轴称为半浮式半轴。半浮式半轴结构简单、质量小、造价低，常应用于乘用车和部分商用车上。

（三）曲轴

曲轴的各段轴线不在同一条轴线上，如图6-1-9所示。

1. 作用

将活塞连杆组传递的推力变为转矩，然后通过飞轮传

图6-1-9 曲轴

递到汽车传动系统。

2. 工作要求

（1）足够的刚度、疲劳强度和冲击韧性。

（2）工作表面润滑良好、耐磨性好。

（3）旋转时具有良好的平衡。

自主研发　工匠先行

为大国重器铸就"钢铁脊梁"

曲轴是船用柴油机的核心部件，重量大、加工精度要求高、制造技术难度高。一根大型曲轴的制造过程，从零件毛坯的半精加工，到曲轴红套装配、曲轴整体精加工等工序，每一个环节都必须做到高度专注、一丝不苟、精益求精，才能保证产品最终的超高精度。其制造能力代表了一个国家的造船工业水平。

"丝"是机械行业日常惯用的精密计量单位，1丝只有0.01mm，这也是船用曲轴加工的精度单位。经过3年艰苦攻关，我国自主研制的第一根船用半组合曲轴在上海船用曲轴有限公司厂房下线。这根7.5m长、约60t重的曲轴，实现了我国在该领域"零的突破"。如今，920mm船用曲轴的研制技术突破，成为上海电气与中国船舶集团落实"造船强国"的标志性成果。

值得关注的是，长期以来，我国缸径700mm及以上大型船用柴油机曲轴锻件全部依赖国外进口，国内厂家仅具备制造缸径600mm及以下机型锻坯的能力。近年来，上海船用曲轴有限公司全力开展大型曲轴锻件的研发制造，成功实现了缸径700mm以上大型船用柴油机曲轴锻件国产化高效制造。此次920mm大型船用柴油机曲轴锻件的成功研发制造，成为新的里程碑。

（四）凸轮轴

凸轮轴是发动机配气机构的一部分，凸轮轴的主体是一根与气缸组长度相同的圆柱形棒体，如图6-1-10所示。它上面套有若干个凸轮，用于驱动气门。凸轮轴的一端是轴承支撑点，另一端与驱动车轮相连接。

1. 作用

控制气门的开启和闭合，使其完全符合发动机的工作顺序等要求。

2. 结构

凸轮轴由凸轮和凸轮轴轴颈组成。

图6-1-10　凸轮轴

拓展提升

在轴上零件拆装过程中，需要大量专用拆装工具，请查找相关资料，学会相关拆装工具的使用。

第二节　滑动轴承

一、滑动轴承的作用与特点

　　轴只有固定在轴承上才能既保持平稳的转动，又有很好的支撑。在高速、冲击较大的场合，必须使用滑动轴承。工作时，轴承与轴颈的支撑面之间形成滑动摩擦的轴承，称为滑动轴承，如图6-2-1所示。滑动轴承不是标准件。

（一）滑动轴承的作用

　　滑动轴承的作用是固定支撑轴，保证轴的旋转精度，减少轴与支撑间的摩擦，并能限制轴在一定位置的运动。

（二）滑动轴承的特点

　　滑动轴承运转平衡可靠、径向尺寸小、承载能力强、抗冲击能力强，能获得很高的旋转精度，可实现液体润滑及能在较恶劣的条件下工作，适用于低速、重载或转速特别高、对轴的支承精度要求较高及径向尺寸受限制等场合。

图6-2-1　滑动轴承

二、滑动轴承的结构与类型

汽车上的滑动轴承

　　滑动轴承主要由滑动轴承座、轴瓦或轴套组成。装在轴瓦或轴套上的壳体称为滑动轴承座。根据承受载荷的方向不同，滑动轴承可分为径向滑动轴承和推力滑动轴承两种。径向滑动轴承又称为向心滑动轴承，主要承受径向力；推力滑动轴承主要承受轴向力，有时也可承受较小的径向力。

（一）径向滑动轴承

　　根据结构形式不同，径向滑动轴承可分为整体式、剖分式和自动调心式三种。

1. 整体式滑动轴承

　　整体式滑动轴承由轴承座、轴瓦等组成，如图6-2-2所示。

　　整体式滑动轴承结构简单，成本低，刚度大，但无法调整轴颈和轴承孔之间的间隙，轴的装拆不方便，适用于轻载、低速及间歇性工作的机器设备，如绞车、手动起重机等。

2. 剖分式滑动轴承

　　剖分式滑动轴承由轴承座、轴承盖、对开式轴瓦和双头螺柱等组成，如图6-2-3所示。

　　轴承盖和轴承座的剖分面常做成阶梯形，以便于对中定位。轴承盖上有螺孔，用于安装油杯或油管。对开式轴瓦由上下两部分组成，上半部分称为轴承盖，下半部分称为轴承座。在上轴瓦上开设油孔和油槽，润滑油通过油孔和油槽流入轴承间隙。

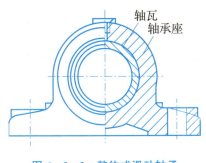

图6-2-2 整体式滑动轴承

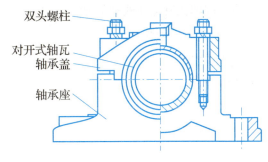

图6-2-3 剖分式滑动轴承

剖分式滑动轴承装拆方便，磨损后轴承的径向间隙可以通过减小剖分面处的垫片厚度来调整，因此应用较广，如汽车曲柄轴上的轴承等。

3. 自动调心式滑动轴承

自动调心式滑动轴承，轴瓦可以自动调位，以适应轴受力弯曲时轴线产生的倾斜，避免轴与轴承两端局部接触而产生的摩擦，如图6-2-4所示。此类轴承应用于轴挠度较大或轴承孔轴线的同轴度要求较高的场合。

(二) 推力滑动轴承

推力滑动轴承又称为止推滑动轴承，如图6-2-5所示。推力滑动轴承负载的方向平行于轴向，它除支持轴做旋转运动外，还能阻止零件沿轴向移动。推力滑动轴承分为3类：（1）可与轴制成一体，也可单独制造再紧装于轴上的套环推力轴承；（2）安装在轴端，支持垂直轴的端面滑动轴承；（3）利用液压泵将油加压注入轴承与轴颈间，形成薄膜而减少摩擦，并且在轴端产生一静压力以抵抗轴向负载的液体静压推力轴承。

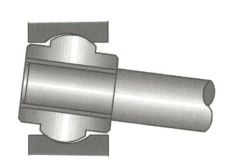

图6-2-4 自动调心式滑动轴承

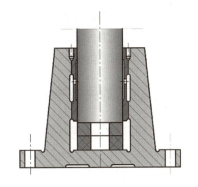

图6-2-5 推力滑动轴承

三、轴瓦的结构

轴瓦是滑动轴承中直接与轴径接触的重要零件，它的结构设计是否合理对滑动轴承的性能影响很大。为了节省贵重材料，常在轴瓦的内表面浇筑一层轴承合金，称为轴承衬。轴瓦应具备一定的强度和刚度，在滑动轴承中定位可靠，便于注入润滑剂，容易散热，并且装拆、调整方便。

常用的轴瓦有整体式和剖分式两种。

（一）整体式轴瓦

整体式轴瓦一般在轴套上开有油孔和油沟，如图 6-2-6 所示。粉末冶金制成的轴套一般不带油沟。

（二）剖分式轴瓦

剖分式轴瓦由上、下两半瓦组成，上轴瓦开有油孔和油沟，如图 6-2-7 所示。轴瓦上的油孔用来供应润滑油，油沟的作用是使润滑油均匀分布，油沟应开在非承载区。

图 6-2-6　整体式轴瓦

图 6-2-7　剖分式轴瓦

四、滑动轴承材料

轴瓦与轴承的材料通称为轴承材料。轴承材料的性能应着重满足以下要求：
（1）良好的减摩性、耐磨性和抗胶合性。
（2）良好的摩擦顺应性、嵌入性和磨合性。
（3）足够的强度和耐腐蚀能力。
（4）良好的导热性、工艺性和经济性等。
常用的滑动轴承材料有轴承合金、铜合金、铸铁及非金属材料、粉末冶金材料等。

五、滑动轴承的失效形式及润滑

滑动轴承在日常使用中应掌握正确的润滑方式及使用方法，否则将影响滑动轴承的性能及使用寿命。

（一）滑动轴承的失效形式

滑动轴承的主要失效形式有磨损、刮伤、胶合、疲劳剥落、腐蚀等。

1. 磨损

进入轴承间隙的硬质颗粒有的嵌入轴承表面，有的游离于间隙中并随轴一起转动，对支承轴颈和轴承表面起研磨作用，从而加剧轴承磨损，导致几何形状改变、精度丧失、轴承间隙增大。

2. 刮伤

进入轴承间隙的硬质颗粒或支承轴颈表面粗糙的轮廓峰顶，在轴承上划出线状伤痕，导致轴承因刮伤而失效。

3. 胶合

当轴承温升过高，载荷过大，油膜破裂时，或在润滑油供应不足的条件下，支承轴颈和轴承的相对运动表面材料发生迁移，造成轴承损坏。

4. 疲劳剥落

在载荷作用下，轴承表面出现与滑动方向垂直的疲劳裂纹，当裂纹扩展后，造成轴承材料的剥落。

5. 腐蚀

润滑油在使用中不断氧化，所生成的酸性物质对轴承材料有腐蚀作用。

（二）滑动轴承的润滑

滑动轴承润滑的目的在于降低摩擦功耗，减少磨损，同时还起到冷却、吸震、防锈等作用。

轴承能否正常工作和选用的润滑剂正确与否有很大关系，滑动轴承大多用油润滑。常用的润滑剂有润滑油、润滑脂和固体润滑剂（如石墨、二硫化钼等）。压强大、有冲击、变化载荷及工作温度较高时宜用大黏度润滑油，轴颈速度较高时宜用小黏度润滑油，压强大、低速或不便加油、要求不高时可用润滑脂。

常用的滑动轴承润滑方式主要包括间歇润滑和连续润滑。

科研强国

耄耋老人的科研之路，从滑动轴承起步

谢友柏，中国工程院院士，我国摩擦学研究的主要开拓者之一。

20世纪50年代，为改变我国高等教育和文化发展不平衡的状况，需要在工业和科学教育事业迅速推进的西北地区新建一所高水平的工业大学，国务院决定将交通大学整体迁移到西安。谢友柏回忆道："我们大概在1958年的时候，开始建自己的实验室，建设的第一批实验室有滑动轴承实验台、齿轮实验台等。后来滑动轴承实验台做成后，教研室的人员便都转到滑动轴承的研究上了。"

在摩擦学的研究上，谢友柏发展了原有建立在简单摩擦学系统上的系统方法，提出了摩擦学（大）系统工程的基本思想，构造了理论上的框架，并发表了大量的论著，归纳了摩擦学行为的三个基本规律：系统依赖性、时间依赖性和不同学科行为的耦合。

如今耄耋之年的谢友柏，几乎每天都要来到办公室，查阅资料、撰写文章，希望为设计科学的发展多贡献一分力量，为年轻一代科研人员多提供一份支持。"一个没有精神的民族是没有希望的，要尊崇科学规律办事，更要有追求真理的精神。"他期待科研人员能够传承奋发创新的时代精神，在建设科技强国的道路上做出新贡献。

拓展提升

积极寻找现实生活中的滑动轴承类型，指出工作过程，做好素材积累。

第三节　滚动轴承

一、滚动轴承的特点及结构

滚动轴承是利用滚动体在轴径与支承座圈之间滚动的原理制成的。与滑动轴承相比，滚动轴承在一般使用条件下摩擦因数低，转动时摩擦力小，效率高。可用预紧的方法提高支承刚度及旋转精度。用同尺寸的轴颈时，滚动轴承的宽度小，可使机器的轴向尺寸紧凑。润滑方法简便，轴承损坏易于更换。

同时，滚动轴承承受冲击载荷的能力较差，高速运转时噪声大，比滑动轴承径向尺寸大，寿命较短。滚动轴承为标准化、系列化零件，因此在很多场合逐渐取代了滑动轴承。

常见的滚动轴承由外圈、内圈、滚动体和保持架组成，如图6-3-1所示。

常见的滚动体有球、短圆柱、圆锥等，如图6-3-2所示。滚动体是形成滚动摩擦不可缺少的零件。

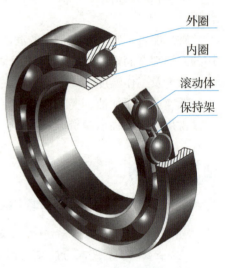

图6-3-1　滚动轴承的基本结构

（外圈、内圈、滚动体、保持架）

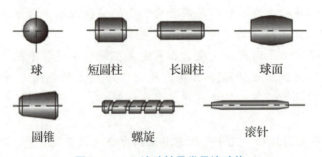

球　　短圆柱　　长圆柱　　球面

圆锥　　螺旋　　滚针

图6-3-2　滚动轴承常见滚动体

二、滚动轴承的类型及代号

根据不同的场合，选择不同种类、不同类型的滚动轴承，既能保证工作的可靠性，也能充分发挥滚动轴承的作用。

（一）滚动轴承的分类

按照所受载荷的不同，滚动轴承可分为以下三大类：

（1）向心轴承：主要承受径向载荷的滚动轴承，如深沟球轴承。

（2）推力轴承：仅承受轴向载荷的滚动轴承，如推力球轴承。

（3）向心推力轴承：同时承受径向载荷和轴向载荷的滚动轴承，如圆锥滚子轴承。

滚动轴承按滚动体的列数还可分为单列、双列和多列轴承。

（二）常用滚动轴承的类型、特点及应用

常用滚动轴承的类型很多，不同类型的轴承，结构不同，其性能与特点也不同，如表 6-3-1 所示。

表 6-3-1　滚动轴承的常见类型、特点及应用

序号	轴承类型	简图	特点及应用
1	调心球轴承		主要承受径向载荷，同时可承受少量双向轴向载荷。外圈内滚道为球面，能自动调心，允许角偏差小于 3°。适用于弯曲刚度小的轴
2	圆锥滚子轴承		可同时承受以径向载荷为主的径向与轴向载荷。不宜承受纯轴向载荷。当成对配置使用时，可承受纯径向载荷，可调整径向、轴向游隙。限制轴（外壳）的一个方向的轴向位移
3	推力调心滚子轴承		承受轴向载荷为主的轴向与径向联合载荷，但径向载荷不得超过轴向载荷的 55%。可限制轴（外壳）一个方向的轴向位移
4	调心滚子轴承		主要承受径向载荷，同时能承受少量双向轴向载荷，其承载能力比调心球轴承大；具有自动调心性能，允许角偏差小于 2.5°。适用于重载和冲击载荷的场合
5	角接触球轴承		能同时承受径向载荷与轴向载荷。适用于转速较高，同时承受径向载荷和轴向载荷的场合
6	深沟球轴承		主要用以承受径向载荷，也可承受一定的轴向载荷，当轴承的径向游隙加大时，具有角接触球轴承的性能，可承受较大的轴向载荷。轴（外壳）的轴向位移限制在轴承的轴向游隙的限度内。允许内圈（轴）对外圈（外壳）相对倾斜 8′~15′

续表

序号	轴承类型	简图	特点及应用
7	圆柱滚子轴承		有内圈无挡边、外圈无挡边等形式，图示为外圈无挡边圆柱滚子轴承，它只能承受纯径向载荷。与球轴承相比，承受载荷的能力较大，尤其是承受冲击载荷的能力大，但极限转速较低
8	推力球轴承		只能承受一个方向的轴向载荷，可限制轴（外壳）一个方向的轴向位移。极限转速低

（三）滚动轴承的代号

滚动轴承的代号

滚动轴承的种类繁多，每一种滚动轴承的结构、尺寸、精度要求和技术要求都不同，为了便于制造、选择和使用，《滚动轴承代号方法（GB/T 272—1993）》中规定了滚动轴承代号的结构及表示方法。滚动轴承的代号分为前置代号、基本代号和后置代号三部分。

1. 前置代号

用字母来表示，用来说明成套轴承的部分件特点，可通过查 GB/T 272—1993 来得到。

2. 基本代号

滚动轴承的基本代号表示轴承的类型和尺寸等主要特征，由类型代号、尺寸系列代号、内径代号三部分组成。

（1）类型代号。滚动轴承的类型代号用数字或字母表示，具体见表 6-3-2。

表 6-3-2　滚动轴承的类型代号

类型代号	滚动轴承类型	类型代号	滚动轴承类型
0	双列角接触球轴承	7	角接触球轴承
1	调心球轴承	8	推力圆柱滚子轴承
2	调心滚子轴承和推力调心滚子轴承	N	圆柱滚子轴承
3	圆锥滚子轴承	U	外球面球轴承
4	双列深沟球轴承	QJ	四点接触球轴承
5	推力球轴承	C	长弧面滚子轴承
6	深沟球轴承		

（2）尺寸系列代号。尺寸系列代号由两位数字组成，前一位数字为宽（高）度系列代号，后一位数字为直径系列代号。

宽（高）度系列代号表示内径、外径相同，宽度（对推力轴承指高度）不同的系列。直径系列代号表示同一内径、不同外径的系列。尺寸系列代号连用，对多数轴承宽度系列代号为0时可省略，圆锥滚子轴承和调心轴承的宽度系列代号0应标出。

（3）内径代号。内径代号通常用两位数字表示。$d<10$、$d\geqslant500$ 及 $d=22$、28、32 的内径代号查手册。$10\leqslant d<500$ 的内径代号与内径的对应关系见表6-3-3。

表6-3-3 滚动轴承的内径代号（$10\leqslant d<500$）

内径代号	00	01	02	03	04～99
内径/mm	10	12	15	17	代号×5

3. 后置代号

后置代号表示滚动轴承的精度与材料的特征，在基本代号的后面用字母或字母加数字表示，为补充说明代号。常用的后置代号如下。

轴承内部结构代号：如C、AC、B分别表示内部接触角 $\alpha=15°$、25°、40°。

轴承公差等级代号：其精度顺序为/P0、/P6、/P6X、/P5、/P4、/P2，其中/P2级为高精度，/P0级为普通级，不标出。

轴承游隙：/C1、/C2、/C0、/C3、/C4、/C5，依次递增，/C0为常用的基本组，不标出。

滚动轴承代号的表示方法举例如下：

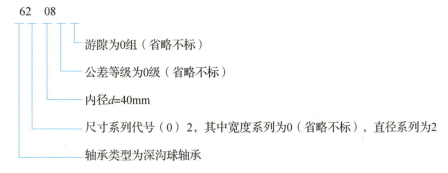

三、滚动轴承的固定方式及拆装

滚动轴承部件的组合安装，是指把滚动轴承安装到机器中去，与轴、轴承座、润滑及密封装置等组成一个有机的整体。它包括轴承的布置、固定、调整、预紧和配合等方面。

（一）滚动轴承的固定方式

一般情况下，滚动轴承的内圈装在被支承轴的轴颈上，外圈装在轴承座（或机座）孔内。安装滚动轴承时，对其内、外圈都要进行必要的轴向固定，以防运转中产生轴向窜动。

1. 滚动轴承内圈的轴向定位

轴承内圈在轴上通常用轴肩或套筒定位，定位端面与轴线要保持良好的垂直度。轴承内圈的轴向固定应根据所受轴向载荷的情况，适当选用轴端挡圈、圆螺母或轴用弹性挡圈等固定形式。常用的滚动轴承内圈的轴向定位方法见表6-3-4。

表 6 - 3 - 4　常用的滚动轴承内圈的轴向定位方法

定位元件	简图	应用说明
轴肩		结构简单，能承受较大的单向轴向力
轴用弹性挡圈		在轴向载荷不大，轴承转速不高，轴颈上车螺纹有困难的情况下，采用断面是矩形的弹性挡圈进行轴向定位，该种方法装卸方便，占位置小，制造简单
圆螺母		用于轴承转速较高，承受较大轴向载荷的情况，螺母与轴承套圈接触的端面，要与轴的旋转中心线垂直。为防止螺母在旋转过程中松弛，可用螺母和止动垫圈紧固

2. 滚动轴承外圈的轴向定位

　　轴承外圈在机座孔中一般用座孔台肩定位，定位端面与轴线也需保持良好的垂直度。轴承外圈的轴向固定可采用轴承盖或孔用弹性挡圈等结构。常用的滚动轴承外圈的轴向定位方法见表 6 - 3 - 5。

表 6 - 3 - 5　常用的滚动轴承外圈的轴向定位方法

定位元件	简图	应用说明
端盖		适用于转速高，轴向载荷大的各种向心轴承。端盖用螺钉压紧轴承外圈，端盖上可做成密封装置
弹性挡圈和孔内凸肩		双向固定，挡圈能承受的轴向力不大
止动环		当轴承外壳孔内由于条件限制，不能加工止动挡边，必须缩减轮廓尺寸时，可采用轴承外圈上带止动槽的深沟球轴承，用止动环定位

（二）滚动轴承的拆装

　　由于滚动轴承的配合通常较紧，为便于装配，防止轴承损坏，应采取合理的装配方法。

对于小尺寸的轴承，一般可用手锤打入或压力直接将轴承的内圈压入轴颈，如图6-3-3所示；对于尺寸较大的轴承，可先将轴承放在温度为80～100℃的热油中加热，使内圈孔胀大，然后装在轴颈上。

对于配合较松的小型轴承，可用手锤和铜棒从背面沿轴承内圈四周将轴承轻轻敲出，如图6-3-4所示。用压力法拆卸轴承，使用较多的是用拉杆拆卸器（俗称拉马），如图6-3-5所示。它是靠3个拉爪钩住轴承内圈而拆下轴承的。为便于拆卸，设计时应使内圈高于轴肩，留出足够的高度以便于拉爪钩住内圈用力。

图6-3-3　直接将轴承内圈　　　　图6-3-4　用手锤和铜棒　　　　图6-3-5　用压力法
　　　　　　压入轴颈　　　　　　　　　　将轴承敲出　　　　　　　　　拆卸轴承

四、滚动轴承的失效形式

滚动轴承的失效形式主要有疲劳点蚀、塑性变形和磨损等。

（1）疲劳点蚀：轴承在径向载荷的作用下，内圈、外圈与滚动体接触处产生应力和弹性变形，其大小随接触点位置不同而变化循环。循环接触应力作用到达一定次数时，就会在零件工作表面形成疲劳点蚀，使滚动轴承产生震动和噪声，旋转精度降低，从而失去工作能力。

（2）塑性变形：在冲击或重载的作用下，可能使滚动体和内外圈滚道表面接触处的局部应力超过材料屈服强度，产生永久性凹坑。此时滚动轴承的摩擦力矩、震动和噪声加大，旋转精度降低，轴承失效。

（3）磨损：轴承使用时润滑不良、密封不严或在多尘环境中，容易导致严重磨损而失效。

五、滚动轴承的密封和润滑

密封的目的是防止灰尘、水分、杂质等侵入轴承并阻止润滑剂流失。良好的密封可保证机器正常工作，降低噪声并延长轴承的使用寿命。按密封的零件表面之间有无相对运动，密封可分为静密封和动密封两大类。静密封有密封垫、密封胶、直接接触三种密封方式。动密封有接触式和非接触式密封两种方式。

滚动轴承润滑的目的在于减小摩擦阻力、降低磨损、缓冲吸震、冷却和防锈。滚动轴承的润滑剂有液态、固态和半固态三种，液态润滑剂又称为润滑油，半固态润滑剂在常温下呈油膏状，又称为润滑脂。

工匠精神

高铁轴承的自主之路

轴承是机械设备中不可或缺的核心零部件，被视为工业装备的"关节"。中国是最早发明轴承的国家，早在四千多年前的夏商时期便开始使用滑动轴承。中国还是世界上最早发明滚动轴承的国家之一。

事实上，世界轴承市场 70% 以上的份额，被十大跨国轴承集团公司所占据，其中美国占 23%、欧盟占 21%、日本占 19%。世界轴承市场基本上由日本 NSK 公司、瑞典 SKF 公司、德国 FAG、美国 Timken 等几家公司所主导。

高铁上使用的轴承属于高速运动件，具有转速高、载荷大、冲击大、可靠性高等特点，制造难度极大，技术被国外垄断，一直是中国的软肋，在过去较长一段时间内几乎全部需要进口。为了实现国产化的目的，洛轴和哈轴等国内公司的工程师在无数次失败中总结教训，最终成功研制出国产化高铁轴承，掌握了高铁轴承核心技术。

拓 展 提 升

拆卸汽车主减速器中的滚动轴承。

 实践出真知

实训任务一

一、实训内容

指出半轴的位置，并做好相应的检查。

二、作业准备

1. 设备工具：整车或传动系统试验台。

2. 操作前明确操作方法，不盲目操作；工量具选用正确，不得暴力操作；实施作业过程中要做到 6S。

三、操作步骤

1. 准备工位。

2. 找出半轴所在的位置，如图 6-3-6 所示。

3. 检查半轴内防尘罩和外防尘罩是否有裂纹、损坏；防尘罩内是否发生润滑脂泄漏、防尘罩箍带是否松动，如果发现有异常情况，应立即更换。

4. 检查半轴是否有裂纹或损坏，如果发现有裂纹或损坏，应更换半轴。

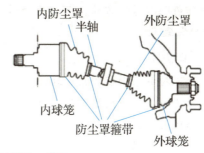

图6-3-6　半轴位置及示意图

5.检查半轴的内球笼和外球笼是否有裂纹或损坏,如果发现有损坏,应更换内球笼和外球笼。

6.握住内球笼,用手转动前轮,检查内球笼是否过于松旷。如果过于松旷,应更换内球笼;如果损坏,应更换半轴。

实训任务二

一、实训内容

分别指出活塞与连杆的连接、连杆与曲轴的连接属于什么滑动轴承的类型,并做好安装与维护。

二、作业准备

1.设备工具:活塞与连杆组、连杆与曲轴组。

2.操作前明确操作方法,不盲目操作;工量具选用正确,不得暴力操作;实施作业过程中要做到6S。

三、操作步骤

1.滑动轴承安装要保证轴颈在轴承孔内转动灵活、准确、平稳。

2.轴瓦与轴承座孔要贴实,轴瓦剖分面要高出0.05～0.1mm,以便压紧。整体式轴瓦压入时要防止偏斜,并用紧定螺钉固定。

3.注意油路畅通,油路与油槽接通。刮研时油槽两边点子要软,以便形成油膜,两端点子均匀,以防止漏油。

4.轴承使用过程中要经常检查润滑、发热、震动问题。遇有发热(一般在60℃以下为正常)、冒烟、异常震动、声响等要及时检查,采取措施。

实训任务三

一、实训内容

分别指出滚动轴承的失效形式,并根据试验台作出载荷分布曲线。

二、作业准备

1.设备工具:滚动轴承、滚动轴承试验台。

2. 操作前明确操作方法，不盲目操作；实验工具选用正确，不得暴力操作；实施作业过程中要做到 6S。

三、操作步骤

1. 试验连接并启动试验系统软件。

2. 打开串口，串口设置选择端口 COM1。

3. 选择试验项目。

4. 设置原始数据。

5. 系统空载校零。

6. 操作试验系统，进行采样分析，收集数据。

7. 卸载，关机，清扫试验台。

检测评价

请根据表 6-3-6 完成检测评价。

表 6-3-6 检测评价

考评项目	分数	自我评价	小组互评	教师评价	小计
劳动纪律	10				
沟通能力及团队协作精神	10				
活动参与度	10				
设备使用	5				
查找维修资料、文献等取得信息的能力	15				
任务完成情况	40				
6S 管理执行力	10				
总分	100				
教师签名：				得分	

本章小结

轴的主要作用是支承回转零件（齿轮、带轮等）、传递运动和动力。

按轴的轴线形状不同，轴可以分为直轴、曲轴、软轴。

轴的材料一般选用中碳钢，对于重要的零件，要求强度高、尺寸小或具有其他要求的轴，可以选用合金钢。

轴上零件的固定主要包括轴向固定和周向固定。

滑动轴承的作用是固定支撑轴，保证轴的旋转精度，减少轴与支撑间的摩擦，并能限制轴在一定位置的运动。

滑动轴承主要由滑动轴承座、轴瓦或轴套组成。

根据承受载荷的方向不同，滑动轴承可分为径向滑动轴承和推力滑动轴承两种。

滑动轴承的主要失效形式有磨损、刮伤、胶合、疲劳剥落、腐蚀等。

滑动轴承润滑的目的在于降低摩擦功耗，减少磨损，同时起到冷却、吸震、防锈等作用。

常用的滑动轴承润滑方式主要包括间歇润滑和连续润滑。

按照所受载荷不同，滚动轴承可分为向心轴承、推力轴承和向心推力轴承。

滚动轴承的代号分为前置代号、基本代号和后置代号三部分。

滚动轴承的失效形式主要有疲劳点蚀、塑性变形和磨损等。

密封可分为静密封和动密封两大类。

滚动轴承润滑的目的在于减小摩擦阻力、降低磨损、缓冲吸震、冷却和防锈。

滚动轴承的润滑剂有液态、固态和半固态三种。

同步练习

一、填空题

1. 按轴线形状不同，轴可以分为直轴、曲轴、_____。

2. 滚动轴承由内圈、_____、_____和_____组成。

二、选择题

1. 滚动轴承类型代号属于（   ）。

A. 前置代号　　　　　B. 基本代号　　　　　C. 后置代号　　　　　D. 偏置代号

2. 对于重要的零件，要求强度高、尺寸小或具有其他要求的轴，可以选用（   ）。

A. 20Cr　　　　　B. Q235　　　　　C. 45#钢　　　　　D. 塑料

三、问答题

1. 轴承材料的性能应着重满足哪些要求？

2. 轴的结构应满足哪些要求？

第七章

汽车常用连接

学习目标

知识目标： 1. 能讲述连接的组成及类型。

2. 能讲述键连接、销连接的作用、类型、特点及应用。

3. 能正确叙述螺纹的主要参数、螺纹连接的主要类型。

4. 了解螺纹连接的特点和连接原理。

5. 熟悉螺纹连接件的类型、防松方法及在汽车上的应用。

能力目标： 1. 能识别汽车中常见的键连接、销连接和螺纹连接。

2. 会正确拆装汽车中常见的键连接、销连接和螺纹连接。

3. 初步掌握键连接、销连接和螺纹连接的正确选用方法。

4. 能运用标准、手册正确选用联轴器、离合器和制动器的类型。

素养目标： 1. 培养学习兴趣，树立信心，养成良好的学习习惯。

2. 培养团队意识，能进行良好的团队合作。

3. 形成企业职工应具备的基本素养，能认真遵守与执行工作规范要求。

建议学时

8个学时。

课程导入

在机器工作时，被连接的零部件之间不能产生相对运动，称为机械的静连接。机械静连接按拆卸性质可分为两类，一类是可拆连接，当拆开连接时，无须破坏或损伤连接中的任何零件，常见的可拆连接有键连接、销连接和螺纹连接等；另一类是不可拆连接，当拆开连接时，至少要破坏或损伤连接中的一个零件，常见的不可拆连接有焊接、铆接、胶接等。零件间选用何种连接形式，通常应根据制造、安装、维修等具体要求来确定。下面我们将共同学习汽车常用连接及其在汽车上的应用。

 知识储备

第一节　键连接与销连接

　　汽车中广泛应用的有平键连接和花键连接等。例如，汽车变速器中大部分齿轮与轴之间是通过平键或花键等各种键来实现连接和动力传递的。这些键连接的可靠性直接影响汽车工作性能的稳定性。除键连接之外，汽车上还有很多地方采用销连接，如发动机活塞与连杆小头之间通过活塞销连接，汽车前梁与转向节之间通过转向节主销连接，变速器盖与变速器壳体之间通过定位销进行定位。

一、键连接的作用及特点

　　键连接是由键、轴和轮毂所组成的，主要实现轴和轴上零件（如齿轮、皮带轮等）的周向固定，并传递运动和转矩的一种连接方式。有的键还能实现轴上零件的轴向固定或轴向移动的导向。键连接具有结构简单、工作可靠、拆装方便、成本较低等特点，某些类型的键的参数已经标准化，制造和选用十分方便。因此，键连接在汽车中具有广泛的应用，如发电机转轴与皮带轮的连接、变速器中齿轮与轴的连接等。

二、键连接的分类

　　根据装配时的松紧程度不同，即是否存在预紧力分类，键连接可分为松键连接和紧键连接两大类。松键连接按键的形状不同又可分为平键连接、半圆键连接和花键连接；紧键连接主要包括楔键连接和切向键连接。汽车中常用的键连接主要有平键连接、半圆键连接和花键连接。

（一）松键连接

1. 平键连接

　　平键连接具有结构简单、制造容易、对中性较好、装拆方便的特点，因而得到广泛的应用。常用的平键有普通平键和导向平键两种。

　　（1）普通平键。普通平键属于静连接，按结构不同，普通平键有圆头（A型）、方头（B型）和单圆头（C型）三种类型，如图7-1-1所示。其中A型平键应用最为广泛，B型平键常用于要求定心性好和转速较高的静连接，C型平键多用于轴端处的连接。

　　（2）导向平键。如图7-1-2所示，导向平键常用于工作过程中轴上的传动零件沿轴线做相对运动时起到导向作用，除实现周向固定外，还能实现轴上零件的轴向移动，构成动连接，如汽车变速器中的滑动齿轮与输出轴、离合器从动盘与变速器输入轴的连接轴之间的连接。导向平键一般比普通平键长，为防止松动，由两个圆柱头紧定螺钉固定在键槽中，为拆卸方便，在键的中部常加工出起键螺孔。

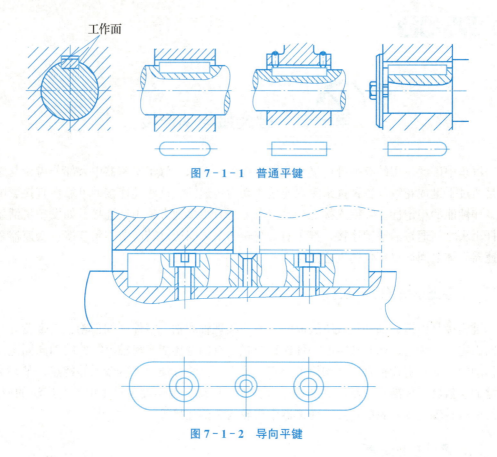

图 7-1-1　普通平键

图 7-1-2　导向平键

2. 半圆键连接

半圆键连接用于静连接，半圆键的侧面为半圆形，轴上加工的键槽也为半圆形，与平键一样以两侧面为工作面传递转矩，如图 7-1-3 所示。半圆键能在轴上的键槽中摆动以适应轮毂上键槽的倾斜，装配方便，因而具有良好的定心性，但由于键槽对轴的强度削弱较大，故多用于轴端。例如，曲轴上通常使用半圆键连接来固定链轮。

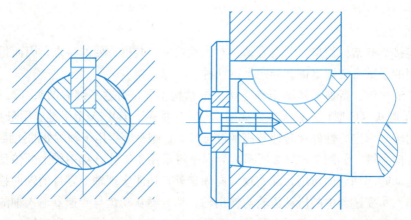

图 7-1-3　半圆键连接

3. 花键连接

花键连接由外花键和内花键构成,其中,外花键是指在轴上加工出的多个键齿,内花键是指在轮毂孔内加工出的多个键槽,每个齿的侧面为工作面,如图7-1-4所示。花键连接由于键和轴为一体,具有承载能力强、对轴削弱小、定心性和导向性好的特点,但花键需要专用设备加工制造,成本较高,适用于载荷较大、定心精度较高的连接,如汽车变速器齿轮与轴的连接。

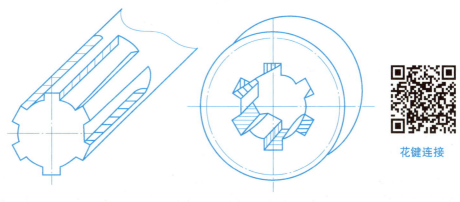

花键连接

图7-1-4 花键连接

(二)紧键连接

1. 楔键连接

键的上表面和轮毂键槽的底面都开有1∶100的斜度称为楔键,如图7-1-5所示。装配时,楔键依靠外力压进键槽,在上、下工作面上产生很大的预紧力F_N,通过该预紧力F_N产生的摩擦力f_{F_N}来传递转矩T,并能承受较小的单向轴向力。按结构不同,楔键可分为普通楔键和钩头楔键两种,其中钩头楔键方便拆卸。

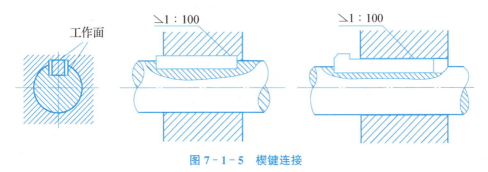

图7-1-5 楔键连接

2. 切向键连接

切向键连接由两个斜度为1∶100的楔键沿斜面拼合而成,如图7-1-6所示。一对切向键只能传递单向转矩,要传递双向转矩时,必须使用两对在周向呈120°~130°布置的切向键,切向键由于键槽对轴的强度削弱较大,常用于转速较低、载荷平稳、定心精度要求不高的场合。

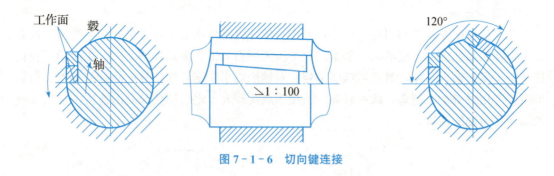

图7-1-6 切向键连接

三、销连接的分类与特点

（一）按使用功能分类

按使用功能分类，销连接可分为定位销连接、连接销连接和安全销连接三类。

销连接可用于定位，固定两零件的相对位置，称为定位销连接，如图7-1-7（a）所示；也可以用于轴与轮毂的连接，传递动力和转矩，称为连接销连接，如图7-1-7（b）所示；还可以用于安全装置的过载剪切零件，称为安全销连接，如图7-1-7（c）所示。其中，作为定位销使用时，同一接合面上的定位销数目不得少于两个，否则将起不到定位的作用。

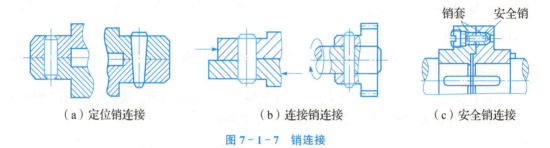

（a）定位销连接　　　　　（b）连接销连接　　　　　（c）安全销连接

图7-1-7 销连接

（二）按销的形状分类

按销的形状分类，销连接可分为圆柱销连接、圆锥销连接、槽销连接、销轴连接和开口销连接等。除槽销连接外，其余销连接的结构和参数均已标准化。

（1）圆柱销连接。圆柱销主要用于定位，也可以用于连接。销与销孔之间为过盈配合关系，装配时在圆柱销上涂上润滑油，用铜棒将圆柱销打入孔中，为了保证定位精度和连接的紧固性，一般不宜多次拆卸。

（2）圆锥销连接。圆锥销用于定位和连接。圆锥销带有1：50的锥度，使其具有可靠的自锁性能，与圆柱销相比，有较高的定位精度，拆装方便并且能多次拆卸。

（3）槽销连接。槽销沿销体母线方向用滚压或模锻制出三条周向均布的凹槽，将槽销压入销孔后，销体上的凹槽受挤压而收缩变形，在材料的弹性作用下紧固在销孔内，能承受震动和循环载荷，槽销连接的销孔无须精加工，可多次拆装。

（4）销轴连接。销轴连接一般用于铰接处，起销钉作用。常见销轴分为普通销轴和带孔销轴，其中，带孔销轴多数利用开口销进行锁定。

（5）开口销连接。开口销主要用于防松装置中，具有工作可靠、拆卸方便的特点。用于螺纹连接防松时，开口销通常与槽形螺母相互配合使用。

第二节　螺纹连接

螺纹连接具有结构简单、紧固可靠、形式多样、使用灵活、拆装方便等优点，因而在汽车连接中得到广泛的应用。例如，汽车轮胎的固定及汽车发动机主要部件中，气门室罩与气缸盖、气缸盖与气缸体、气缸体与油底壳之间都是通过螺纹连接的。由于螺纹连接在汽车中有着广泛的应用，起着重要而复杂的作用，若不重视螺纹连接件的正确使用和定期维护，将对汽车的行车造成严重的安全隐患。

一、螺纹的基础知识

（一）螺纹的基本要素

螺纹的基本要素主要有牙型、螺纹直径（大径、中径、小径）、螺距与导程、线数、旋向等。

1. 牙型

从螺纹轴线的剖面图可见，螺纹的轮廓外形称为螺纹的牙型，常见的螺纹牙型有矩形、三角形、梯形、锯齿形等，如图7-2-1所示。其中三角形螺纹也称为普通螺纹，牙型角为60°。

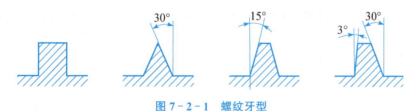

图 7-2-1　螺纹牙型

2. 螺纹直径

螺纹直径如图7-2-2所示。

螺纹大径：螺纹的最大直径，与外螺纹牙顶（或内螺纹牙底）相切的假想圆柱直径，又称公称直径。内、外螺纹的大径分别用符号 D 和 d 表示。

螺纹小径：螺纹的最小直径，与外螺纹牙底（或内螺纹牙顶）相切的假想圆柱直径称为螺纹的小径。内、外螺纹的小径分别用 D_1 和 d_1 表示。

螺纹中径：若假想某个圆柱的母线通过牙型上沟槽和凸起宽度相等的地方，则该假想圆柱的直径称为螺纹的中径。内、外螺纹的中径分别用符号 D_2 和 d_2 表示。

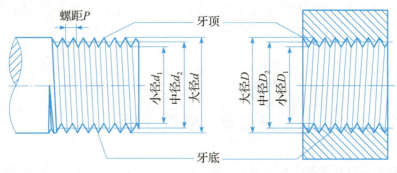

图 7 - 2 - 2　螺纹直径

3. 螺距与导程

螺距与导程如图 7 - 2 - 3 所示。

螺距：螺纹上相邻两牙在中径线上对应两点之间的轴向距离，用 P 表示。根据螺距的大小，普通螺纹可分为粗牙螺纹和细牙螺纹。

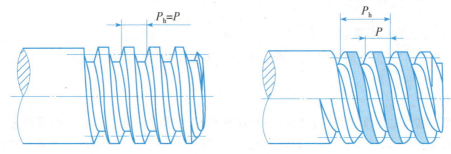

图 7 - 2 - 3　螺距与导程

导程：同一条螺纹线上相邻两牙在中径线上对应两点之间的距离，用 P_h 表示。

4. 线数

线数：形成螺纹的螺旋线的条数，用 n 表示。$n=1$ 时，称为单线螺纹；$n \geqslant 2$ 时，称为多线螺纹。线数 n、螺距 P 和导程 P_h 的关系式为 $P_h=nP$。单线螺纹自锁性较好，多用于连接；多线螺纹传动效率较高，多用于传动。

5. 旋向

按照螺纹旋进方向，螺纹可分为左旋螺纹（标注代号 LH）和右旋螺纹（标注时可省略）。判断方法：将螺纹轴线竖起来，旋进方向朝上，螺旋线沿左上方倾斜为左旋螺纹，螺旋线沿右上方倾斜为右旋螺纹，如图 7 - 2 - 4 所示。

（二）螺纹的分类与特点

根据不同的分类方法，螺纹有多种类型，如按牙型不同可分为普通螺纹、矩形螺纹、梯形螺纹、锯齿形螺纹；按用途不同可分为连接螺纹和传动螺

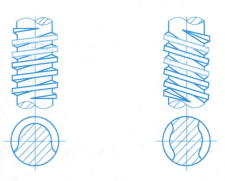

图 7 - 2 - 4　螺纹旋向

纹。常见的连接螺纹有普通螺纹和管螺纹两类，螺纹的分类与特点如表7-2-1所示。

表7-2-1 螺纹的分类与特点

类型		特征代号	特点
普通螺纹	粗牙	M	一般为单线右旋，牙型为三角形，牙型角为60°，具有螺杆的强度高、内外螺纹配合时摩擦力大、自锁性能好的特点；粗牙螺纹用于一般连接，细牙螺纹常用于细小零件的连接，如发动机连杆盖与连杆的连接
	细牙		
管螺纹	55°非密封管螺纹	G	管螺纹是指管壁上用于连接的螺纹，主要用于管道之间的连接，有密封用和非密封用之分。管螺纹的牙型角为55°或60°；55°非密封管螺纹的牙型为等腰梯形，常用于电气管路系统的连接；55°密封管螺纹的牙型同样为等腰梯形，旋合时具有良好的密封性，适用于水、油、气等管路系统中，如发动机机油压力传感器与油管的连接等
	55°密封管螺纹	R	
梯形螺纹		Tr	常见的传动螺纹，可传递动力和运动，梯形螺纹可传递双向动力，锯齿形螺纹可传递单向动力
锯齿形螺纹		B	

二、螺纹连接的类型及应用

（一）螺纹连接的基本类型

螺纹连接就是利用螺纹零件将两个以上的工件组合成一体，构成可拆卸的固定连接。常见螺纹连接有螺栓连接、双头螺柱连接、螺钉连接和紧定螺钉连接四种基本类型。具体见表7-2-2。

表7-2-2 螺纹连接的类型和特点

类型	结构	特点与应用
螺栓连接		结构简单、装拆方便、应用广泛，适用于被连接件厚度不大且能够两面装配的场合
双头螺柱连接		螺柱一端旋入被连接件中，不再拆下，适用于被连接件之一较厚、难以通孔并经常拆装的场合，拆卸时只需拧下螺母

续表

类型	结构	特点与应用
螺钉连接		将螺钉拧入被连接件的螺纹孔中，结构简单，不需要螺母，但不宜经常拆装以免螺纹孔磨损，适用于受力不大，被连接件之一较厚，不宜制作通孔的场合
紧定螺钉连接		利用紧定螺钉末端顶住零件表面或顶入对应的凹坑中以固定两个零件的相对位置，并传递不大的轴向力和转矩，常用于固定或调节零件位置

（二）螺纹连接件

螺纹连接件是指带有螺纹、起连接和紧固作用的零件。常用的螺纹连接件有螺钉、螺栓、螺柱、螺母、垫圈等，如图 7-2-5 所示。大多数螺纹连接件的结构形式与尺寸均已标准化，设计时应根据相关标准取值选用。

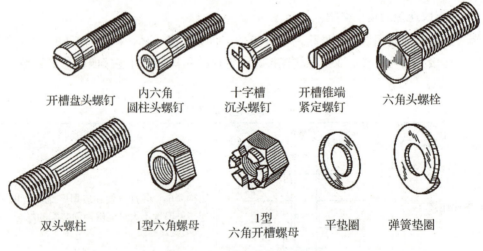

开槽盘头螺钉　　内六角圆柱头螺钉　　十字槽沉头螺钉　　开槽锥端紧定螺钉　　六角头螺栓

双头螺柱　　1型六角螺母　　1型六角开槽螺母　　平垫圈　　弹簧垫圈

图 7-2-5　常用的螺纹连接件

三、螺纹连接的预紧与防松

（一）螺纹连接的预紧

大多数螺纹连接在装配时都必须拧紧，使连接件在承受工作载荷之前，预先受到力的作用。这个预加作用力称为预紧力。预紧的目的是增加螺纹紧固件、垫片和被连接件之间的摩擦力，保证螺纹连接的正常工作可靠性、紧密性和防松能力。

若预紧力过大，则容易造成连接件过载，螺纹被剪断而滑扣；若预紧力过小，则螺纹紧固件可能松脱导致被连接件出现缝隙或相对滑移，从而达不到预紧的效果。因此，在拧紧螺栓时应控制拧紧力矩，以控制预紧力的大小。在实际生产中，一般根据操作经验来控制预紧力的大小，但对于一些重要的螺纹连接，如发动机气缸盖与气缸体的螺栓连接，则需要通过测力矩扳手或定力矩扳手（见图7-2-6），利用控制拧紧力矩的方法来控制预紧力的大小。

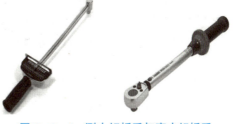

图7-2-6　测力矩扳手与定力矩扳手

（二）螺纹连接的防松

在静载荷和工作温度变化不大时，一般螺纹连接都能满足自锁条件，不会自行脱落。当受冲击、震动或变载荷及温度变化大时，在某一瞬间有可能摩擦力消失，连接产生松动，或者自动松脱，影响正常工作，甚至造成严重事故。为了保证螺纹连接安全可靠，必须采取必要的防松措施，防松的目的是防止内、外螺纹间产生相对转动。螺纹连接的防松方法按工作原理可分为三类：摩擦防松、机械防松、永久防松，具体见表7-2-3。

表7-2-3　螺纹连接的防松方法

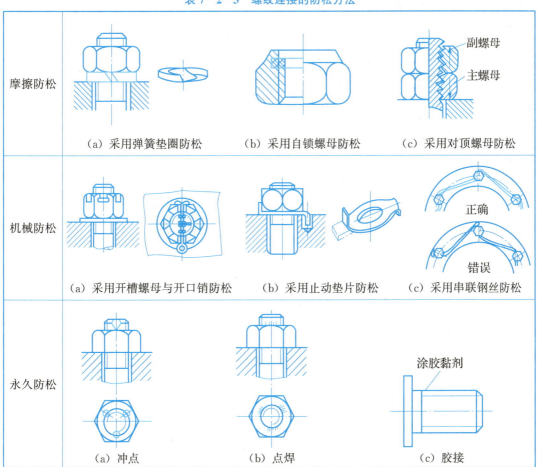

摩擦防松	（a）采用弹簧垫圈防松	（b）采用自锁螺母防松	（c）采用对顶螺母防松
机械防松	（a）采用开槽螺母与开口销防松	（b）采用止动垫片防松	（c）采用串联钢丝防松
永久防松	（a）冲点	（b）点焊	（c）胶接

大国工匠

靳小海——为高铁拧上"中国螺栓"

　　高铁是中国走向世界的一张名片，但因高铁速度快，对制动系统要求较高，制动系统及其关键部件——螺栓，在以前全部依靠进口。后来，高铁制动系统关键部件不仅打破了国外垄断，实现了国产化，而且还实现了自动化生产。这其中就离不开一个人的努力，他就是太行机械公司数控车工靳小海。

　　看似不起眼的螺栓，却是制动系统的关键部件。如果缺了，系统无法组建、运转；如果存在质量问题，将会带来灾难。以前，高铁制动系统螺栓外径精度公差要求在0.02mm以内，包括螺栓在内，全部依靠进口。2007年初，太行机械公司承担了试制攻关任务，任务落到靳小海等人头上。该任务共包含7种12.9级高强螺栓，全部采用德国制造标准，仅仅一个螺纹大径，公差严格到只有0.02mm，要求极其严苛，两道难关挡在了靳小海面前。340mm长的不锈钢材质螺栓，硬度大，用普通刀具加工，磨损厉害且易折断，致使产品加工精度公差远远超出标准。为了找到合适的加工刀具，靳小海找来多个厂家的30余种刀具逐一进行切削试验，反复进行性能比对，根据几何参数和刀具材料，一点点改进切削参数，终于筛选出一套合适的刀具方案；为控制0.02mm的公差，靳小海又创造性地摸索出一套"两步走"螺栓加工工艺：粗精分开，二次修正。具体到操作中，就是先进行螺栓径向留量粗加工，再进行精加工，并制定出相关参数。刀具找到了，数控程序有了，靳小海试制出的7种产品全部达到德国铁路行业检测标准，打破了国外垄断，可替代国外同类产品。自此，中国高铁拧上了"中国螺栓"。

第三节　弹性连接

　　弹性连接是指依靠弹性零件实现被连接件间的动连接。在机械设备中的各种类型的弹簧及仪表中各种形状的簧片都是弹性零件，弹性零件受载后产生变形，卸载后立即恢复原有形状和尺寸。弹簧因其具有刚度小、弹性大、承载后会产生弹性变形并且吸收能量等特性，应用最广泛。

　　圆柱弹簧在现代汽车悬挂中使用广泛，用以缓冲汽车行驶过程中产生的震动。当受到外力作用时，弹簧能产生较大的弹性变形，将机械能转变为弹性势能，外力消失后变形消失恢复原形，弹性势能转变为机械能或动能，所以弹簧又是转换能量的零件。

一、弹性连接的功用

　　利用弹性零件实现被连接件在有限区间内运动，并保持固定连接的动连接，称为弹性连接，如车辆悬挂弹簧构成的连接。

　　利用弹性连接，弹簧的主要功用有：控制机构的运动或零件的位置，如离合器、凸轮机构、阀门及调速器中的弹簧；缓冲及吸震，如汽车、火车车厢下的减震弹簧，各种缓冲器中的弹簧；储存能量作为动力源，如机械钟表、仪器、玩具等使用的发条，枪栓弹簧；测量力和力矩，如弹簧秤、测力器中的弹簧等。

二、弹簧的基本类型

弹簧的种类繁多，从外形分有螺旋弹簧、锥形弹簧、板弹簧、蝶形弹簧等，如图7-3-1所示；从载荷性质分有压缩弹簧、拉伸弹簧、扭转弹簧、弯曲弹簧等；从制造材料分有金属弹簧和非金属弹簧。

图7-3-1 弹簧的基本类型

弹簧的类型

三、弹簧的材料及制作

（一）弹簧的材料

弹簧的材料必须满足以下条件：（1）具有较高的弹性极限；（2）经常受交变或冲击载荷的弹簧，其破坏形式主要是疲劳破坏，材料还应具有较高的疲劳极限和足够的韧性；（3）为了便于弹簧的制造，材料还要具有良好的塑性和热处理性能等；（4）具有良好的淬透性、不易脱碳、便于卷绕。常用的弹簧材料有热轧和冷拉弹簧钢，包括碳素弹簧钢（如60、75、65Mn等）、硅锰弹簧钢（如60Si2MnA）、铬钒弹簧钢（如50CrVA）、不锈钢（如1Cr18Ni9）及青铜（如QBe2）等。

（二）弹簧的制作

螺旋弹簧的制造工艺过程有：（1）卷绕；（2）钩环制造；（3）端部的制作与精加工；（4）热处理；（5）工艺试验等。对于重要的弹簧还要进行强压处理。

弹簧的卷绕方式有冷卷法和热卷法，冷卷法用于经预先热处理后拉成直径较小的弹簧丝；直径较大的弹簧丝制造时应采用热卷法。对于重要的压缩弹簧，为使载荷作用线与弹簧轴线趋于重合，应将端面圈在专用的磨床上磨平；对于拉伸弹簧，两端应制有挂钩。

第四节 联轴器、离合器、制动器

汽车由动力部分、传动部分、执行部分及控制部分等组成，这些部分必须可靠地连接起来才能保证汽车的正常工作。汽车中的这类连接装置很多，除用来连接发动机曲轴和变速箱输入轴的离合器外，还有广泛使用的联轴器，如汽车转向系统、传动系统中的万向节等。制动器是实现对轴的制动，迫使其迅速停止运转或降低运转速度的机械装置。联轴器、离合器、制动器的结构形式多样，大多数已标准化，本任务将讲解联轴器、离合器、制动器的类型、结构和功用，学习正确拆装汽车上联轴器、离合器、制动器。

一、联轴器

（一）联轴器的功用与要求

联轴器是主要用于轴与轴之间的连接，使其一起旋转并传递转矩的一种机械传动装置，有时也可用作安全装置，防止出现过载。若要使两轴分离，必须停车拆卸。

如图7-4-1所示，由于制造及安装误差、轴承磨损、回转不平衡及工作温度等因素的影响，往往存在两轴轴线相对位置的位移和偏差。因此，联轴器还需要有一定位置补偿、吸震缓冲的功能。

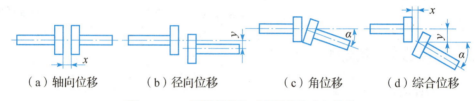

（a）轴向位移　　　　（b）径向位移　　　　（c）角位移　　　　（d）综合位移

图7-4-1　两轴轴线相对位置的位移和偏差

（二）联轴器的分类与结构

联轴器可分为刚性联轴器和弹性联轴器两大类，刚性联轴器由刚性传力件组成。按是否能补偿位移，刚性联轴器又可分为固定式刚性联轴器和可移式刚性联轴器。其中，固定式刚性联轴器不能补偿两轴的相对位移；可移式刚性联轴器能补偿两轴的相对位移。弹性联轴器中间连接件是弹性元器件，不仅能补偿两轴的相对位移，还具有吸震和缓和冲击的能力。联轴器的类型、特点及应用见表7-4-1。

表7-4-1　联轴器的类型、特点及应用

类型	名称	图示	说明
固定式刚性联轴器	套筒联轴器		通常使用45钢，适用于轴径<60～70mm的场合，结构简单，在仪器中应用较广
	凸缘联轴器		应用最为广泛的一种固定式联轴器。它由两个带凸缘的半联轴器组成，两个半联轴器分别用键与两轴连接，结构简单、传递转矩大、对中性好、装拆方便，但不具有位移补偿功能

续表

类型	名称	图示	说明
可移式刚性联轴器	齿式联轴器	带内齿的外壳　带外齿的内套筒	具有径向、轴向和角度位移补偿功能，制造及安装精度要求较高、成本高、传递载荷能力强，在汽车和重型机械中应用广泛
	十字轴滑块联轴器	半联轴器 十字滑块 半联轴器	常用 45 钢或 Q275，结构简单、制造方便，可补偿两轴间的相对位移，但工作过程中滑块会产生离心力，增大动载荷及磨损；适用于低速、无剧烈冲击、两轴间相对位移较大的场合
弹性联轴器	弹性套柱销联轴器	弹性套 柱销　半联轴器　半联轴器	结构简单、装拆方便、制造容易，能补偿两轴间一定的相对位移，但弹性套易磨损，使用寿命较短；适用于载荷平稳、起动频繁的中、小功率传动
	弹性柱销联轴器	尼龙柱销 挡板　半联轴器　半联轴器	结构与弹性套柱销联轴器相似，但能传递较大的转矩，具有更长的使用寿命和更好的缓冲吸震能力，但由于柱销使用尼龙等弹性材料，工作温度受到一定限制

万向联轴器又称万向节（见图 7 - 4 - 2），属于可移式刚性联轴器的一种，是汽车传动系统中重要且常用的传动装置。按照在扭转方向上是否有明显的弹性，万向节分为刚性万向节和挠性万向节两大类。其中，刚性万向节又可分为不等速（十字轴式）万向节、准等速万向节和等速万向节。目前汽车中应用较多的是十字轴式万向节（主要用于发动机前置后轮驱动的变速器与驱动桥之间）及等速万向节（主要用于发动机前置前轮驱动的内、外半轴之间）。

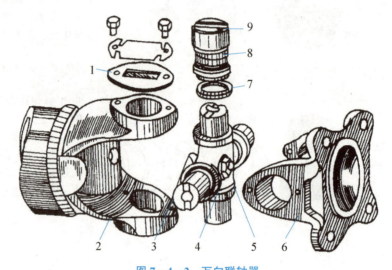

图 7 - 4 - 2　万向联轴器

1—轴承盖；2、6—万向节叉；3—油嘴；4—十字轴；
5—安全阀；7—油封；8—滚针；9—套筒

二、离合器

离合器主要用于两轴之间在机器运转过程中的分离和接合。在汽车传动系统中，离合器与发动机相连，当离合器接合时，发动机通过离合器传递动力到变速器，而起步前，发动机与驱动车轮之间的传动线路必须先切断，以及换挡和制动前也需要切断动力传递，这时，离合器为分离状态。因此，离合器工作要求应保证离合迅速平稳、操纵方便、耐磨可靠、散热性能好。

联轴器与离合器的区别是：用联轴器连接的两轴在机器正常工作时不能随意分开，必须在机器停止工作后通过拆卸才能将两轴分离；而用离合器连接的两轴可通过操纵机构或自动控制装置随时分离或接合。

根据工作原理的不同，离合器可分为牙嵌式和摩擦式两类；根据控制方法的不同，离合器可分为操纵式和自动式两类，操纵式包括机械、液力、气力、电磁力等方式操纵离合，自动式是根据发动机运转参数的改变自动完成接合和分离。

（一）牙嵌式离合器

牙嵌式离合器由两个端面带有齿形的半离合器组成，其中半离合器用键和螺钉固定在轴上，而半离合器用导向平键或花键构成动连接，通过操纵机构在另一根轴上轴向移动，实现离合器的分离和接合。

（二）摩擦式离合器

汽车上常采用摩擦式离合器（见图7-4-3），摩擦式离合器依靠两接触面间的摩擦力来传递运动和动力。摩擦式离合器可以分为单片式、多片式和膜片式，单片式摩擦式离合器多用于轻型、中型载货汽车上，多片式摩擦式离合器常用于中型、重型载货汽车上，膜片式摩擦式离合器多用于轿车上。

图7-4-3 摩擦式离合器

三、制动器

制动器是利用摩擦力矩实现降低正运动的机械或机构的速度或使其停止的装置。制动器起着保护机械安全、控制机械的重要作用，因此，制动可靠、操纵灵活、散热性能好是制动器的基本工作要求。

制动器

（一）盘式制动器

当液压油通过进油口输入时，活塞推动摩擦块夹紧制动盘从而实现制动；当液压油回流时，摩擦块在弹簧作用下复位，制动消失。盘式制动器的径向尺寸小，在制动时沿制动盘径向施力，制动轴不受弯矩，制动性能稳定。目前，多数中小型汽车上的前制动轮都采用的是盘式制动器。

（二）鼓式制动器

鼓式制动器主要用于汽车制动系统的后轮制动中。对于重型车来说，由于车速一般不是很高，需要的制动力大，因此许多重型车的前后轮制动都采用鼓式制动器。踩下制动踏板时，推杆推动制动主缸活塞将制动液经过油管压入制动轮缸，推动左右轮缸活塞移动，带动两制动蹄向外张开，压紧制动鼓内表面，实现摩擦制动。松开制动踏板，油路卸压，制动蹄复位弹簧又将制动蹄复位，制动蹄与制动鼓分离，制动器处于松开状态。

（三）带式制动器

制动带上衬垫石棉、橡胶等耐磨材料，包住转动的制动轮，当杠杆受到向下的外力 F 时，制动带被制动轮圆周产生的摩擦力实现制动。带式制动器结构简单、紧凑，主要用于汽车自动变速器的制动器中。

拓展提升

了解液力变矩器的工作原理。

实践出真知

实训任务一

一、实训内容

在实训汽车或设备台架上找出键连接和销连接，并通过拆装发动机活塞销，观察活塞与连杆小头之间的装配关系。

二、作业准备

1. 设备工具：扳手、活塞连杆组件、活塞环扩张器、螺丝刀、发动机维修手册。

2. 操作前明确操作方法，不盲目操作；工量具选用正确，不得暴力操作；实施作业过程中要做到 6S。

三、操作步骤

1. 准备工位。

2. 教师介绍活塞环、活塞销与活塞的装配关系，示范拆装步骤。

3. 学生分小组进行实操。

根据操作步骤，勾选正确答案。

（1）观察活塞与连杆的连接关系，如图 7-4-4 所示。

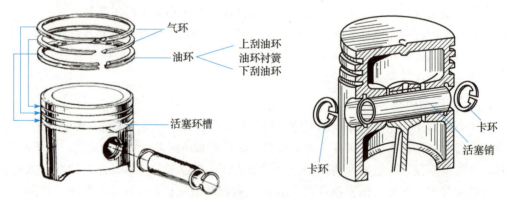

图 7-4-4　活塞与连杆的连接关系

（2）使用（□活塞环扩张器　□卡簧钳）拆下第一道和第二道气环，注意观察气环上的标记，以免装复时弄反。

（3）用手拆下（□上、下刮油环　□油环衬簧　□活塞销）。

（4）使用（□螺丝刀　□梅花扳手）从活塞销座孔内撬出活塞销两端的弹簧卡环。

（5）将活塞连同活塞销一起浸入约（□20℃　□80℃）的水中，在热态时用锤子和铜棒轻敲活塞销，将其拆下。

（6）观察活塞销的形状及结构，按照与拆卸相反的顺序，装复活塞销。

实训任务二

一、实训内容

拆装实训车辆发动机气缸盖，观察连接螺栓的特征，正确拆装螺纹连接。

二、作业准备

1. 设备工具：发动机总成、定扭力扳手、气缸盖螺栓扳手。

2. 操作前明确操作方法，不盲目操作；工量具选用正确，不得暴力操作；实施作业过程中要做到6S。

三、操作步骤

1. 准备工位。

2. 教师讲解发动机气缸盖拆装过程的注意事项，示范拆装步骤。

3. 学生分组练习气缸盖螺栓拆装，做好预紧和防松措施。

实训任务三

一、实训内容

拆装离合器、制动器，了解其工作原理。

二、作业准备

1. 设备工具：离合器总成、实训车辆（盘式制动器、鼓式制动器）、扭力扳手、拆装工具箱、抹布等。

2. 操作前明确操作方法，不盲目操作；工量具选用正确，不得暴力操作；实施作业过程中要做到6S。

三、操作步骤

1. 准备工位。

2. 教师讲解离合器总成、盘式制动器、鼓式制动器拆装过程的注意事项，示范拆装步骤。

3. 学生分组练习离合器总成、盘式制动器、鼓式制动器拆装。

检测评价

请根据表7-4-2完成检测评价。

表7-4-2 检测评价

考评项目	分数	自我评价	小组互评	教师评价	小计
劳动纪律	10				
沟通能力及团队协作精神	10				

续表

考评项目	分数	自我评价	小组互评	教师评价	小计
活动参与度	10				
设备使用	5				
查找维修资料、文献等取得信息的能力	15				
任务完成情况	40				
6S管理执行力	10				
总分	100				
教师签名：				得分	

本章小结

　　汽车包含成千上万个零件，这些零件通过不同的方式连接起来才能保证汽车的正常工作。键连接是通过键来实现轴与轴上零件的周向固定，并传递运动与转矩；销连接主要用于确定零件间的相对位置，轴和轴上零件的连接，过载保护的安全装置；螺纹连接利用螺纹零件构成可拆卸的固定连接；利用弹性元器件的特点，弹性连接起着支承、拉紧、复位、吸震等作用。

　　联轴器和离合器的功用是实现轴与轴之间的连接，并传递转矩；制动器是实现对轴的制动，让机器降低转速或停止工作的机械装置。这些零部件种类繁多，大多数已标准化，选用时根据工作要求查阅标准手册，可知尺寸数据、强度要求。

同步练习

一、填空题

1. 普通平键有三种类型，即_____、_____、_____。
2. 万向节双头轴叉应位于_____，且主从动轴与双头轴叉的夹角应当_____。

二、选择题

1. 下列不是销连接的作用的是（　　　）。

A. 定位　　　　　　　B. 连接　　　　　　　C. 保护　　　　　　　D. 减震

2. 对中精度较高、载荷平稳的两轴连接中，宜采用（　　　）。

A. 凸缘联轴器　　　B. 滑块联轴器　　　C. 万向联轴器　　　D. 弹性柱销联轴器

三、问答题

1. 螺纹连接的基本形式有哪些？
2. 联轴器与离合器的作用有哪些相同点和不同点？请说说汽车上有哪些常用连接的应用。

第八章

汽车液压传动与气压传动

学习目标

知识目标：1. 了解汽车液压传动与气压传动系统的组成、工作原理、基本参数及传动特点。

2. 熟悉汽车液压传动与气压传动系统的元器件类型、图形符号、功用与基本工作原理。

3. 了解液压、气压系统在汽车上的应用，知道汽车典型液压、气压传动回路的结构及零部件，理解其工作原理。

能力目标：1. 能在汽车上找出各类液压、气压元器件。

2. 能正确使用液压千斤顶及液压举升机等液压设备。

3. 能正确使用轮胎拆装机、气动扳手等气动设备。

4. 在汽车上正确找出汽车液压制动系统管路及气压制动系统管路的主要元器件，并理解其功用。

素养目标：1. 培养自主学习的能力。

2. 培养科技创新精神、能源忧患意识、环保意识等。

建议学时

8 个学时。

课程导入

传动是指把动力从一部分传递到另一部分。传动可以分为机械传动、电力传动和流体传动三大类，均被广泛应用于现代工业中。机械传动是指利用机械方式传递运动和动力的传动，如汽车底盘中的离合器属于摩擦传动。电力传动是指利用电动机将电能转换为机械能，以驱动机器工作的传动，如车窗升降器、雨刮器等。流体传动是指以液体或气体为工作介质，在密闭容器中实现机械的能量转换、传递和自动控制的传动，如汽车空气悬架、液压助力转向系统等。下面我们将学习液压传动、气压传动及其在汽车上的应用。

第一节　认识液压传动

液压传动以液体作为介质，依靠密封容积的变化来传递运动，通过液体内部的压力来传递动力。在机械上采用液压传动技术，可以简化机器的结构，减轻机器质量，减少材料消耗，降低制造成本，减轻劳动强度，提高工作效率和工作的可靠性。

一、液压传动系统的工作原理

液压千斤顶

液压传动的工作原理，我们可以以液压千斤顶为例来简述，因为液压千斤顶是一个最简单的液压传动装置。

如图 8-1-1 所示，液压千斤顶主要由大液压缸和大活塞、小液压缸和小活塞、单向阀 2 和 3、截止阀 5 及杠杆、重物和油箱等组成。工作时用手向上提起杠杆，小活塞被带动上升，于是小液压缸的下腔密封容积增大，腔内压力下降，形成局部真空，这时单向阀 2 将所在的通道关闭，油箱中的油液在大气压力的作用下推开单向阀 3 沿进油道进入小液压缸的下腔，完成一次吸油动作。接着压下杠杆，小活塞下移，小液压缸下腔的密封容积减小，腔内压力升高，这时单向阀 3 自动关闭油液流回油箱的通道，而小液压缸下腔的压力油推开单向阀 2 挤入大液压缸的下腔，推动大活塞向上移动，将重物顶起一定距离。如此反复提压杠杆，即可将重物不断升起，达到顶起重物的目的。

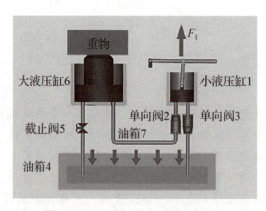

图 8-1-1　液压千斤顶的工作原理

若将截止阀 5 旋转 90°，则在重物的重力作用下，大液压缸中的油液流回油箱，大活塞下降到原位。

从此例可以看出，液压千斤顶就是液压传动装置，通过其工作过程可知液压传动是依靠液体在密封容器中液压能的变化来实现运动和动力传递的。

二、液压传动的特点

液压传动与其他传动形式相比，主要有以下优点：
（1）体积小、重量轻、结构紧凑。
（2）能在大范围内实现无级变速。
（3）传递运动平稳、润滑好、寿命长。
（4）易于实现自动化。
（5）易于实现过载保护。
（6）液压元器件已实现标准化、系统化和通用化，液压系统的设计、制造和使用比较方便。

液压传动的主要缺点有：
（1）有泄漏，效率低。
（2）无法保证严格的传动比。
（3）油温变化时对传动性能有影响。
（4）制造精度要求高。
（5）故障不易查找。

三、液压传动系统的组成

液压传动系统主要由动力元器件、执行元器件、控制元器件、辅助元器件、工作介质五个部分组成。

（一）液压传动动力元器件

液压传动动力元器件起着向系统提供动力源的作用，是系统不可缺少的核心元器件。液压系统是以液压泵作为向系统提供一定的流量和压力的动力元器件，液压泵将电动机或内燃机输出的机械能转换为工作液体的压力能，是一种能量转换装置。

在液压传动中，常用的液压泵的类型有齿轮泵、叶片泵和柱塞泵三种。

1. 齿轮泵

齿轮泵是液压系统广泛采用的液压泵，有内啮合和外啮合两种结构形式。齿轮泵的主要优点是结构简单、制造方便、体积小、重量轻、转速高、自吸性能好、对油的污染不敏感、工作可靠、寿命长、便于维护及价格低廉等；主要缺点是流量和脉动率大、噪声大和排量不可调等。下面以外啮合齿轮泵为例说明齿轮泵的工作原理。

外啮合齿轮泵（见图8-1-2）主要由齿轮、壳体和端盖组成。泵体、端盖和齿轮之间形成了密封腔，并由两个齿轮的齿面接触线将左右两腔隔开，形成了吸、压油腔。当齿轮按图示方向旋转时，右侧吸油腔内的齿轮相继脱开啮合，使密封容积增大，形成局部真空，油箱中的油在大气压力作用下进入吸油腔，并被旋转的齿轮带入左侧，左侧压油腔的齿轮不断进入啮合，使密封容积变小，油液被挤出，通过压油口压油，这就是齿轮泵的吸油和压油过程。齿轮不断地旋转，泵就不断地吸油和压油。

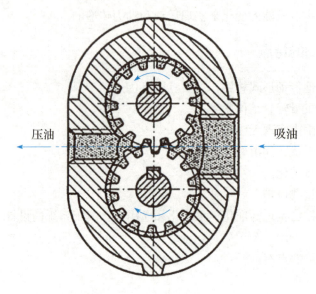

图 8-1-2　外啮合齿轮泵

吸油过程：齿轮脱开啮合→容积增大→压力减小→吸油。

压油过程：齿轮进入啮合→容积减小→压力增大→压油。

2. 叶片泵

叶片泵具有结构紧凑、流量均匀、噪声小、运转平稳等优点，因而被广泛用于中、低压液压系统中；但也存在结构复杂，吸油能力差，对油液污染比较敏感等缺点。叶片泵按结构可分为单作用式和双作用式两大类。单作用式叶片泵多用于变量泵，双作用式叶片泵均为定量泵。下面以单作用式叶片泵（见图 8-1-3）为例来阐述叶片泵的工作原理。

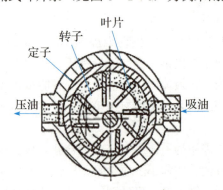

图 8-1-3　单作用式叶片泵

单作用式叶片泵主要由转子、定子、叶片和配油盘等零件组成，与双作用式叶片泵的不同之处是，定子的内表面是圆形的，转子与定子之间有一偏心量 e，配油盘只开一个吸油窗口和一个压油窗口。当转子转动时，由于离心力作用，叶片顶部始终压在定子内圆表面上。这样，两相邻叶片之间就形成了密封工作腔。显然，当转子按图示方向旋转时，右边密封工作腔的容积逐渐增大，将油液吸入，而左边密封工作腔的容积逐渐减小，通过压油口将油液压出。转子每转一圈，每两片叶片间的密封工作腔实现一次吸油和压油，故称为单作用式叶片泵。

3. 柱塞泵

柱塞泵（见图8-1-4）是依靠柱塞在缸体内往复运动，使密封工作腔容积发生变化来实现吸油、压油的。与齿轮泵和叶片泵相比，它具有以下优点：工作压力高，易于变量，流量范围大。但也存在对油液污染敏感和价格昂贵等缺点。柱塞泵被广泛应用于高压、大流量和流量需要调节的场合，如液压机、工程机械和船舶中。

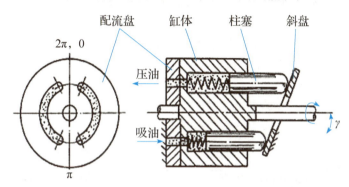

图8-1-4　柱塞泵

三种常用液压泵的性能比较如表8-1-1所示。

表8-1-1　三种常用液压泵的性能比较

类型	优点	缺点	工作压力
齿轮泵	结构简单，不需要配流装置，价格低，工作可靠，维护方便	易产生震动和噪声，泄漏大，容积效率低，径向液压力不平衡。流量不可调	低压
叶片泵	输油量均匀，压力脉动小，容积效率高	结构复杂，难加工，叶片易被脏物卡死	中压
柱塞泵	结构紧凑，径向尺寸小，容积效率高	结构复杂，价格较贵	高压

液压泵的图形符号如图8-1-5所示。

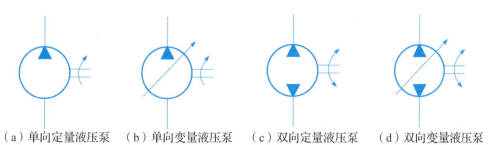

（a）单向定量液压泵　（b）单向变量液压泵　（c）双向定量液压泵　（d）双向变量液压泵

图8-1-5　液压泵的图形符号

（二）液压传动执行元器件

在液压传动系统中，液压传动执行元器件主要包括液压缸和液压马达，其功用是把通过回路输入的液压能转换成机械能对外输出。液压缸一般用于实现直线往复运动或摆动运动；液压马达用于实现回转运动。

1. 液压缸

液压缸是将液压泵供给的液压能转换为机械能而对负载做功，它驱动机构做直线往复（过摆动）运动。

液压缸有多重形式，按作用方式可分为单作用和双作用液压缸；按结构可分为活塞杆、柱塞缸和伸缩缸，但工作原理基本一致。下面以活塞缸（见图 8-1-6）为例说明它的结构和工作原理。

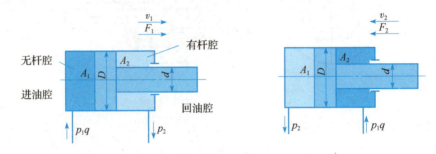

图 8-1-6　活塞缸

活塞缸主要由缸体、活塞、活塞杆、密封圈和缸盖等组成。

活塞缸的工作原理：由于两侧有效作用面积或油液压力不等，活塞在液压力的作用下做直线往复运动。

液压缸的图形符号如表 8-1-2 所示。

表 8-1-2　液压缸的图形符号

单作用缸			双作用缸		
单活塞杆缸	单活塞杆缸（带弹簧）	伸缩缸	单活塞杆缸	双活塞杆缸	伸缩缸
详细符号	详细符号		详细符号	详细符号	
简化符号	简化符号		简化符号	简化符号	

2. 液压马达

液压马达是将液压泵输入的液压能转换为机械能（旋转运动）而对负载做功。液压马达与液压泵在原理上有可逆性，但因用途不同而在结构上有所差别。液压马达将液压能转换为机械能，并以转矩或转速的形式输出，要求正反转，其机构具有对称性；而液压泵为了保证其自吸性能，结构上采取了某些措施，使之不能通用。

（三）液压传动控制元器件

液压控制阀是液压传动系统中控制油液流动方向、压力及流量的元器件。液压控制阀利用阀芯在阀体内的相对运动来控制阀口的通断及开口大小，以实现方向、压力、流量的控制。

液压控制阀具有以下共同结构特点：基本结构有阀体、阀芯和阀芯驱动件；阀体有阀体孔或阀座孔和外接油管的进出油口；阀芯有三种结构——滑阀、锥阀和球阀；驱动装置有手动、弹簧、电磁或液压力。根据用途和工作特点不同，液压控制阀主要分为方向控制阀（如单向阀、换向阀等）、压力控制阀（如溢流阀、减压阀、顺序阀等）和流量控制阀（如节流阀、调速阀等）。

1. 方向控制阀

方向控制阀的作用是控制液流方向，从而改变执行元器件的运动方向。类型有单向阀和换向阀。

（1）单向阀。

①普通单向阀。普通单向阀的作用是只许油液单向流动，反向不通，由阀体、阀芯、弹簧等组成。图8-1-7所示为普通单向阀的结构，压力从阀体左端的进油口流入时克服弹簧作用在阀芯上的力，使阀芯向右移动，并通过阀芯上的径向孔、轴向孔从阀体的右端出油口流出；但是液压油从阀体的右端通口流入时液压力和弹簧力一起使阀芯压紧在阀座上，使阀口关闭，油液无法通过。

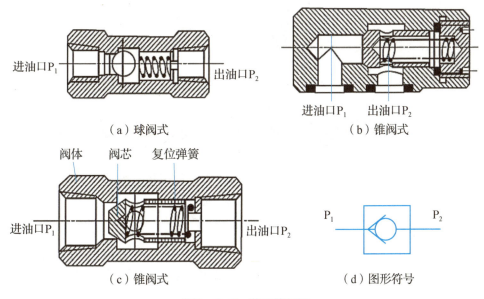

图8-1-7 普通单向阀

②液控单向阀。图8-1-8所示为液控单向阀的结构与图形符号。它由普通单向阀和液控装置两部分组成。当控制口 K 不通入压力油时，其作用与普通单向阀相同。当控制口 K 通入压力油时，推动活塞、顶杆，将阀芯顶开，使 P_1 和 P_2 接通，液流在两个方向可以自由流动。为了减小活塞移动的阻力，设有一外泄油口。图8-1-8（b）所示为液控单向阀的图形符号。

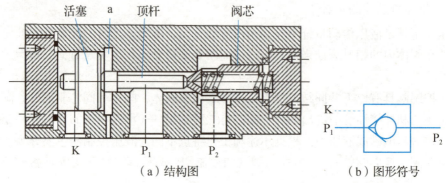

（a）结构图　　　　　　　　（b）图形符号

图8-1-8　液控单向阀的结构与图形符号

（2）换向阀。

换向阀是利用阀芯对阀体的相对运动，使油路接通、关断或变换油流的方向，从而实现液压执行元器件及驱动机构的起动、停止或变换运动的方向。

图8-1-9所示为滑阀式换向阀，当阀芯向右移动一定距离时，由液压泵输出的压力油从阀的 P 口经 A 口输向液压缸左腔，液压缸右腔的油经 B 口流回油箱，液压缸活塞向右运动；反之，当阀芯向左移动某一距离时，液流反向，活塞向左运动。可按阀芯在阀体的工作位置数和换向阀所控制的油口通路数分类，换向阀可分为二位二通、二位四通、二位五通、三位四通、三位五通等类型，相关的图形符号见表8-1-3。

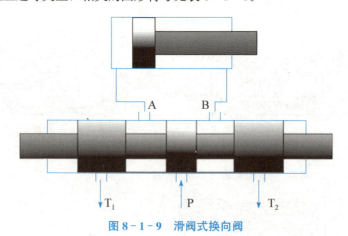

图8-1-9　滑阀式换向阀

2. 压力控制阀

液压系统中的压力控制阀是用来控制液体压力或利用压力作为信号来控制其他元器件的动作。它是利用阀芯上的液压作用力和弹簧力保持平衡。常用的压力控制阀有溢流阀、减压阀、顺序阀。

表8-1-3 换向阀的符号

二位二通阀	二位四通阀	二位五通阀	三位四通阀	三位五通阀
A	A B	A B	A B	A B
	P T	T₁ P T₂	P T	T₁ P T₂

（1）溢流阀。

溢流阀（见图8-1-10）的主要用途是保持液压系统的压力恒定。它常用于节流调节系统中，和流量控制阀配合使用，调节进入系统的流量，并保持系统的压力基本恒定。还有一种溢流阀是用于过载保护，也称为安全阀。溢流阀是依靠系统中的压力油直接作用在阀芯上而与弹簧力相平衡，以控制阀芯的启闭动作。

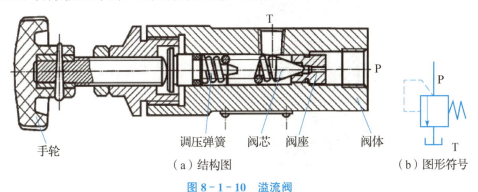

手轮　　　调压弹簧　阀芯　阀座　　阀体

（a）结构图　　　　　　　　　　（b）图形符号

图8-1-10 溢流阀

（2）减压阀。

减压阀主要是用来减压、稳压，将较高的进口油压降为较低而稳定的出口油压。图8-1-11所示为先导型减压阀的结构及图形符号。

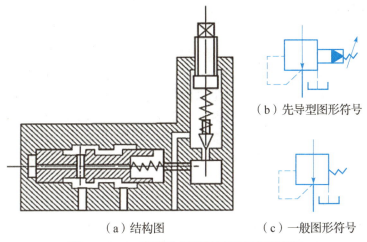

（b）先导型图形符号

（a）结构图　　　　　　　（c）一般图形符号

图8-1-11 先导型减压阀的结构及图形符号

减压阀出油口压力的大小，可通过调压弹簧进行调节。

（3）顺序阀。

顺序阀是利用油路中压力的变化来控制阀口的启闭，以实现执行元器件顺序动作的液压元器件。当顺序阀的进油口压力低于顺序阀调定压力时，阀口关闭；当进油口压力高于调定压力时，阀口开启，顺序阀输出压力油使其下游的执行元器件动作。调整弹簧的预压缩量即能调节顺序阀所需的压力。图 8-1-12 所示为直动型顺序阀的结构及图形符号。

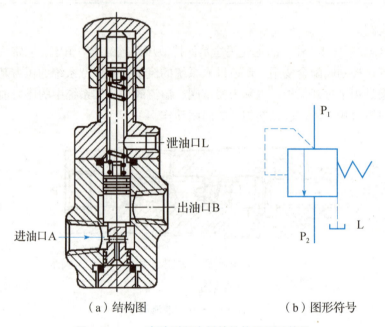

（a）结构图   （b）图形符号

图 8-1-12　直动型顺序阀的结构及图形符号

3. 流量控制阀

流量控制阀是通过改变阀口通流面积来调节输出流量，从而控制执行元器件的运动速度。常用的流量控制阀有节流阀和调速阀两种。

（1）节流阀。

图 8-1-13 所示为节流阀的结构及图形符号，它的节流口是轴向三角槽式。打开节流阀时，压力油从进油口 P_1 进入，经阀芯左端的轴向三角槽后，再由出油口 P_2 流出。旋转手轮，推杆克服弹簧的作用力，使阀芯做轴向移动，改变节流口的通流面积，从而调节节流阀的流量。节流阀的结构简单、体积小、使用方便、成本低，但负载和温度的变化对流量稳定性的影响较大，因此只适用于负载和温度变化不大或速度稳定性要求不高的液压系统。

（2）调速阀。

调速阀是由减压阀和节流阀串联而成的组合阀。节流阀用来调节通过阀口的流量，减压阀能自动保持节流阀前、后的压力差不变，从而使通过节流阀的流量不受负载变化的影响。图 8-1-14 所示为调速阀的工作原理及符号，其中 P_1、P_2 为减压阀进出口，P_3 为节流阀出口。

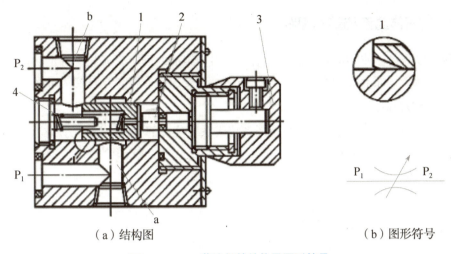

（a）结构图　　　　　　　　　　（b）图形符号

图 8 - 1 - 13　节流阀的结构及图形符号

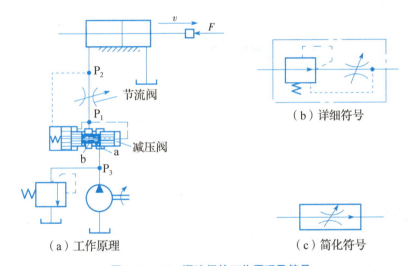

（a）工作原理　　　　　　　　（c）简化符号

图 8 - 1 - 14　调速阀的工作原理及符号

（四）液压传动辅助元器件

在液压传动系统中，辅助元器件用来保证系统的正常工作，是系统中不可缺少的组成部分。液压系统的辅助元器件主要有过滤器、油箱、热交换器及管件等。

过滤器的作用：过滤掉液压油中的杂质，维护油液清洁，防止油液污染，保证系统正常工作。

油箱的作用：储存系统所需的足够的油液，散发油液中的热量，分离油箱中的气体及沉淀物。

热交换器包括冷却器和加热器。冷却器要求有足够的散热面积，散热效果好，压力损失小。

管件是用来连接液压元器件、输送液压油液的连接件，它包括油管和管接头。所选的管件应保证有足够的强度，没有泄漏，密封性好，压力损失小，拆装方便。

四、液压传动系统基本回路

液压传动系统基本回路是指由若干液压元器件组成的且能完成某一特定功能的典型油路。常见的液压回路有三大类：压力控制回路、速度控制回路和方向控制回路。

（一）压力控制回路

压力控制回路是利用各种压力阀控制系统或系统某一部分油液压力的回路，实现调压、减压、增压、卸荷和多级压力等控制，满足执行元器件对力或转矩的要求。图 8-1-15 所示为三级调压回路。

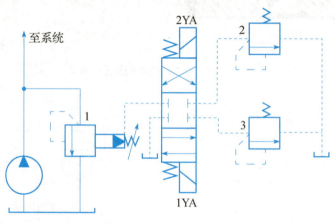

图 8-1-15　三级调压回路

国之重器

国宝级战略装备——8 万吨模锻液压机

大型模锻液压机是象征重工业实力的国宝级战略装备。2013 年，中国成功自主设计制造出 8 万吨模锻液压机，一举打破了苏联 7.5 万吨模锻液压机保持 51 年的世界纪录，拉开了中国航空制造装备赶超世界先进水平的序幕。它的万钧之力能把砖石压成粉剂，使我国航空、航天、海洋、核电、高铁等所需的高端大型模锻件都可以实现自主制造。

（二）速度控制回路

速度控制回路是控制和调节液压执行元器件运动速度的基本回路。按被控制执行元器件的运动状态、运动方式及调节方法，速度控制回路可分为调速、制动、限速和同步回路等。图 8-1-16 所示为节流调速回路。

（三）方向控制回路

方向控制回路是利用各种方向控制阀来控制油液的通断和变向，从而使执行元器件起动、停止或换向。图 8-1-17 所示为常用的锁紧回路。

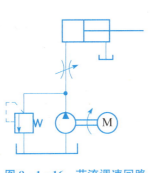

图 8-1-16　节流调速回路

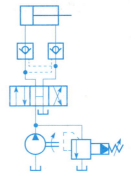

图 8-1-17　锁紧回路

在汽车维修工具设备里还有液压举升机等设备是利用液体为工作介质进行传动的，请学习如何使用这些设备。

第二节　认识气压传动

气压传动简称为气动，是指以压缩空气为工作介质来传递动力和控制信号，控制和驱动各种机械和设备，以实现生产过程机械化、自动化的一项重要技术。因为以压缩空气为工作介质具有防火、防爆、防电磁干扰、抗震动、抗冲击、无辐射、无污染、结构简单、工作可靠等特点，所以气压传动与液压、机械、电气和电子技术一起相互补充，已发展成为实现生产过程自动化的一个重要手段，在机械工业、冶金工业、轻纺食品工业、化工、交通运输、航空航天、国防建设等各个领域已得到广泛的应用。本节将讲解气压传动的工作原理、特点及元器件，学习如何使用汽车维修的常用气动设备。

一、气压传动系统的工作原理

气压传动系统是以压缩空气为工作介质来传递动力和控制信号的系统，主要包含四部分元器件：动力元器件、执行元器件、控制元器件、辅助元器件。气压传动系统与液压传动系统的不同之处是以压缩空气为介质，利用空气压缩机使空气产生压力能，经由管道和控制阀传输给执行元器件，执行元器件把压缩气体的压力能转换为机械能而做功。

如图 8-2-1 所示，气体经空气压缩机 2 压缩之后（经冷却、出油、干燥等）到达储气罐 3，储存压缩空气并稳定压力。然后经过空气过滤器 12、压力控制阀 4、油雾器 11 形成清洁稳压含雾状润滑油的压缩气体。经过处理的压缩空气，再经逻辑元器件 5、方向控制阀 6、流量控制阀 7、机控阀 8 等控制元器件进入执行元器件气缸 9，推动活塞进行直线运动或者旋转运动。消声器10的作用是在允许气流通过的情况下消除压缩气体排向大气的噪声。

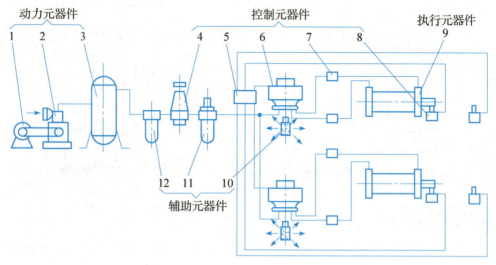

图8-2-1 气压传动系统的工作原理图

1—电动机；2—空气压缩机；3—储气罐；4—压力控制阀；5—逻辑元器件；6—方向控制阀；
7—流量控制阀；8—机控阀；9—气缸；10—消声器；11—油雾器；12—空气过滤器

二、气压传动的优缺点

气压传动与机械传动、电力传动、液压传动相比有其自身的优缺点，见表8-2-1。

表8-2-1 气压传动的优缺点

序号	优点	缺点
1	工作介质是空气，随处可取，取之不尽，节省了购买、储存、运输的费用；用后的空气可直接排放到大气中，对环境无污染，处理方便	因空气具有可压缩性，当载荷变化时，气压传动系统的动作稳定性差
2	因空气黏度小（约为液压油的万分之一），在管内流动阻力小，压力损失少，便于集中供气和远距离输送	工作压力低（一般为0.4～0.8MPa），又因为结构尺寸不宜过大，因而输出功率较小
3	气压传动动作迅速，维护简单，安装方便，管路不易堵塞，不需要对介质进行维护和补充	工作介质无润滑功能，需要设置润滑辅助元器件
4	空气具有可压缩性，使气动系统能够实现过载自动保护，储能方便，用储气罐就能获得压力能	使用过程中噪声大
5	工作环境适应性好，特别是在易燃、易爆、多尘埃、强磁、辐射、震动等恶劣工作环境中工作时，安全可靠性优于液压传动、电力传动系统	不适用于元器件级数较多的复杂回路

续表

序号	优点	缺点
6	气动元器件结构简单，制造容易，适用于标准化、系列化、通用化	气信号传递的速度比光、电速度慢，所以不宜用于要求高传递速度的复杂回路中，但对一般机械设备，气动信号的传递速度能够满足要求
7	排气时气体因膨胀而温度降低，因而气动设备可以自动降温，长期运行也不会发生过热现象	

三、气压传动系统的基本元器件

（一）气压传动动力元器件

气压传动动力元器件又称气压发生装置，它是将机械能转换成气体压力能的装置，为各类气动设备提供压力气体，一般与压缩空气的储存、净化等辅助装置统称为气源装置。

1. 空气压缩机的分类

如图 8-2-2 所示，空气压缩机简称为空压机，是气源装置的核心，将原动机（通常是电动机）的机械能转换为气体的压力能。

图 8-2-2　空气压缩机

空气压缩机

空气压缩机按不同的特点有如下几种分类方法：

（1）按工作原理可分为容积型、动力型（速度型或透平型）、热力型三类。

（2）按润滑方式可分为无油空压机和机油润滑空压机。

（3）按性能可分为低噪声、可变频、防爆型空压机。

（4）按用途可分为冰箱压缩机、空调压缩机、制冷压缩机、油田用压缩机、天然气加气站用压缩机、凿岩机用压缩机、风动工具压缩机、车辆制动用压缩机、门窗启闭用压缩机、纺织机械用压缩机、轮胎充气用压缩机、塑料机械用压缩机、矿用压缩机、船用压缩机、医用压缩机、喷砂喷漆用压缩机等。

（5）按形式可分为固定式、移动式、封闭式。

2. 空气压缩机的选用原则

选择空气压缩机的依据主要有两个参数——气动系统所需的工作压力和流量。因为要考虑供气管道的沿程损失和局部损失，空气压缩机的额定压力要比气动系统所需的最高工作压力高 20% 左右。如果系统中某些地方的工作压力要求较低，可以采用减压阀来供气。常见使用压力一般为 0.7~1.25MPa。输出流量的选择要根据整个气动系统对压缩空气的流量需要再加一定的备用余量，作为选择空气压缩机的流量依据。

节能降耗

变废为宝——我国自主研发盐穴"充电宝"

压缩空气储能技术是指电能和压缩空气势能相互转换的一种新型能量储存技术。经过十余年的钻研和创新，我国科研人员自主研发出"先进压缩空气储能系统"。从2016年至2021年，一座座自主研发的新型压缩空气储能电站陆续建成。

在江苏金坛，我国科研人员利用废弃的千年古盐穴来储存压缩空气（见图8-2-3），年发电量达1亿千瓦时，全年可节约标准煤3万吨，减少二氧化碳排放6.08万吨。金坛项目将压缩空气过程中产生的热能储存起来，发电时再将热能释放，将电能转换效率提升至60%以上，这种采取"非补燃"技术是国内首创，据测算该项目全年可节约标准煤3万吨，减少二氧化碳排放超6万吨。

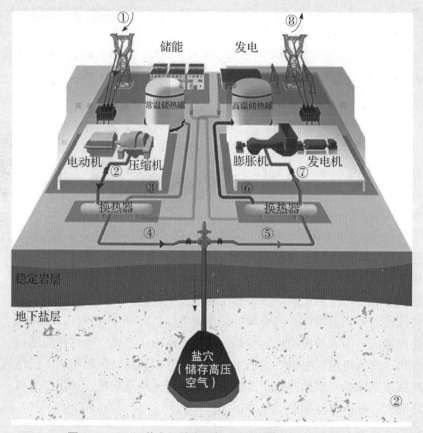

图8-2-3 江苏金坛盐穴压缩空气储能供电系统示意图

而建在河北张家口的先进压缩空气储能电站，是全球第一台百兆瓦级别的压缩空气储能电站，规模可以达到400兆瓦时。在压缩空气储能领域中，我国实现了从追赶到领先的跨越。

节能降耗，久久为功，我国在绿色发展的道路上持续发力。

（二）气压传动执行元器件

气压传动系统的执行元器件是将压缩空气的压力能转变为机械能，驱动机构实现往复运动、摆动、旋转运动或冲击动作的元器件。它包含气缸和气动马达，如图8-2-4所示。

（a）气缸　　　　　　　　　　　　（b）气动马达

图8-2-4　气压传动执行元器件

1. 气缸的分类

气缸的种类很多，结构各异，常用的分类方法有以下几种：

（1）按压缩空气在活塞端面作用力的方向不同，可分为单作用气缸和双作用气缸。

（2）按结构特点不同，可分为活塞式、薄膜式、柱塞式和摆动式气缸等。

（3）按安装方式不同，可分为凸缘式、法兰式、轴销式、耳座式、嵌入式和回转式气缸等。

（4）按功能不同，分为普通式、缓冲式、气-液阻尼式、冲击和步进气缸等。

2. 气动马达的分类

气动马达有叶片式、活塞式、齿轮式等多种类型，在气压传动中使用最广泛的是叶片式和活塞式马达。

（三）气压传动控制元器件

气压传动系统控制元器件是指在系统中用来控制和调节压缩空气的流量、压力及方向并保证气动执行元器件或机构正常工作的元器件，可分为流量控制阀、压力控制阀、方向控制阀三类。

1. 流量控制阀

流量控制阀是通过改变阀的流通截面积来实现流量控制的元器件，其主要作用是控制介质的流量来调节执行元器件的运动速度。

（1）排气节流阀。排气节流阀（见图8-2-5）安装在气动元器件排气口处，调节排入空气的流量，以此调节执行元器件的运动速度。它不仅能调节执行元器件的运动速度，还能起到降低排气噪声的作用。

（2）单向节流阀。单向节流阀（见图8-2-6）由单向阀和节流阀组合而成，常用于调节执行元器件的运动速度，又称为速度控制阀。当气流正向流入时，节流阀起作用，调节执行元器件的运动速度；当气流反向流入时，单向阀起作用。

图8-2-5　排气节流阀　　　　　　　图8-2-6　单向节流阀

2. 压力控制阀

压力控制阀是通过控制压缩空气的压力来满足各种压力需求。它们都是利用作用于阀芯上的空气压力和弹簧力相平衡的原理来进行工作的。

（1）减压阀（见图8-2-7）。将输入的空气压力调到所需的输出压力，并保持输出压力的稳定且不受流量变化或气源压力波动的影响。如图8-2-8所示，减压阀通常安装在过滤器之后、油雾器之前。在实际生产中，常把这三个元器件做成一体，称为气动三联件。

图8-2-7　减压阀

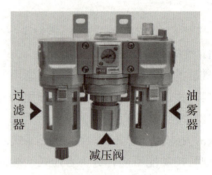

图8-2-8　气动三联件

（2）顺序阀（见图8-2-9）。这是一种依靠回路中的压力变化来控制执行机构按顺序动作的压力阀。

（3）溢流阀（见图8-2-10）。又称为安全阀，在系统中起过载保护作用，当储气罐或气动回路内的压力超过调定值时，溢流阀打开并向外排气。

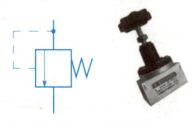

图8-2-9　顺序阀

图8-2-10　溢流阀

3. 方向控制阀

方向控制阀是能改变压缩空气的流动方向和控制气流通断的阀，是气动控制阀中最重要的一种阀。按其作用特点可分为单向型和换向型两种，其阀芯结构主要有截止式和滑阀式。

（1）单向阀（见图8-2-11）。又可以称为止回阀，只允许气流沿一个方向流动，不允许气流反向倒流。

（2）换向阀。利用换向阀芯相对阀体的运动，使气路接通或断开，从而使气动执行元器件实现起动、停止或变换运动方向。图8-2-12所示为二位二通换向阀。

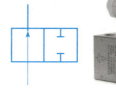

图 8 - 2 - 11 单向阀　　　　　　　　图 8 - 2 - 12 二位二通换向阀

（四）气压传动辅助元器件

1. 冷却器

冷却器（见图 8 - 2 - 13）的作用是将压缩后的气体冷却降温，使压缩空气中的油雾和水汽达到饱和使其大部分凝结成滴析出，达到初步分离油水的目的。

图 8 - 2 - 13 冷却器

2. 油雾分离器

油雾分离器（见图 8 - 2 - 14）的作用是利用回转离心、撞击、水浴等方法将压缩空气中含有的油、水等杂质分离，净化压缩空气。

3. 储气罐

储气罐（见图 8 - 2 - 15）的作用是消除压力脉动，保证输出气流稳定连续；储存一定量的压缩空气，以便临时需要或者故障时应急使用；进一步分离压缩空气中的油、水等杂质。

图 8 - 2 - 14 油雾分离器　　　　　　　图 8 - 2 - 15 储气罐

4. 空气过滤器

空气过滤器（见图 8 - 2 - 16）的作用是将压缩空气中的液态水、液态油滴分离出来，并滤去空气中的灰尘和固体杂质，使空气达到气动系统要求的净化程度。

5. 油雾器

油雾器是一种特殊的注油装置，如图 8 - 2 - 17 所示。它以压缩空气为动力，将润滑油进行雾化并注入空气流中，随压缩空气流入需要润滑的部位，达到润滑的目的。油雾器的选择主要根据气压系统所需的额定流量和油雾粒度大小来确定。

图 8 - 2 - 16　空气过滤器　　　　　　　　　　图 8 - 2 - 17　油雾器

6. 消声器

消声器（见图 8 - 2 - 18）的作用是降低压缩空气排向大气时的噪声并允许气流通过。消声器一般安装在起动系统排气口处。

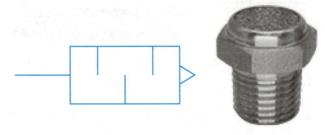

图 8 - 2 - 18　消声器

拓 展 提 升

汽车维修工具设备里的气动扳手（见图 8 - 2 - 19）、举升机（见图 8 - 2 - 20）等设备，是利用压缩空气为工作介质进行传动的，请学习如何使用它们。

图 8 - 2 - 19　气动扳手　　　　　　　　　　图 8 - 2 - 20　举升机

第三节　液压传动和气压传动在汽车上的应用

随着液压、气压与液力传动技术的发展及在汽车上的应用，汽车的各项性能有了较大的提升。下面举几个例子介绍液压与气压传动在汽车上的具体应用。

一、液压传动在汽车上的应用

（一）液压动力转向系统

液压动力转向机构由转向助力泵、转向动力缸和转向传动轴等组成，如图 8-3-1 所示。

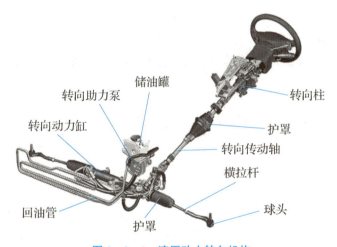

图 8-3-1　液压动力转向机构

按液压动力转向系统压力状态可分为常压式和常流式。常压式液压动力转向系统总是保持高压；而常流式液压动力转向系统只有在转向时，系统才有压力。

（1）左转向。左转向时，驾驶人操作方向盘通过摆杆带动阀芯左右移动，通过转向阀的分配，高压油进入油缸的左腔。在高压油的作用下，阀芯向右移动，推动车轮向左转向。

（2）右转向。右转向时，驾驶人操作方向盘通过摆杆带动阀芯左右移动，通过转向阀的分配，高压油进入油缸的右腔。在高压油的作用下，阀芯向左移动，推动车轮向右转向。

（3）直线行驶。直线行驶时，转向阀处于中间位置，油缸的左右腔的油压是平衡的，没有油压推动阀芯移动，使车辆保持直线行驶。

（二）液压制动系统

一般轿车的液压制动系统主要由制动片、真空助力泵、制动总泵（也称为制动主缸）、制动盘、制动油管、制动分泵（也称为制动轮缸）和盘式制动器等组成，如图 8-3-2 所示。

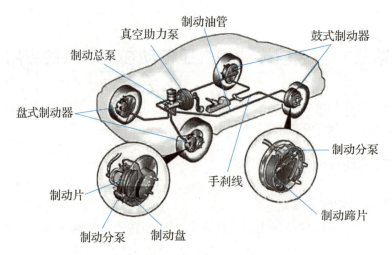

图 8-3-2　液压制动系统结构图

液压制动系统管路的布置形式有三种，如图 8-3-3 所示。轿车常用交叉分配式，这样当一条管路发生泄漏时，另一条管路仍起制动作用，并且制动力也较为均衡，可有效避免制动跑偏。

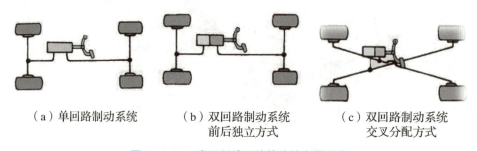

（a）单回路制动系统　　　（b）双回路制动系统　　　（c）双回路制动系统
　　　　　　　　　　　　　　前后独立方式　　　　　　　交叉分配方式

图 8-3-3　液压制动系统管路的布置形式

液压制动系统的基本工作原理如图 8-3-4 所示。

制动总泵、分泵和连接油管内充满制动液（也称为刹车油），它们组成一个封闭的压力传递系统。

当踩下制动踏板时，推动制动总泵的活塞向前移，制动总泵内制动液的压力升高，通过油管进入各车轮的分泵，推动分泵的活塞外涨，实现脚踩制动的力向车轮制动器的传递，推动车轮制动器实施制动。

当松开制动踏板时，制动总泵活塞在油压和回位弹簧作用下回位，分泵活塞和车轮制动器回位，解除对车轮的制动。

液压制动系统的优点：制动柔和灵敏，结构简单，维护方便，不消耗发动机功率。

液压制动系统的缺点：操纵较费力，制动力不太大，制动液温度变化会影响其制动效能，液压制动传动装置已广泛应用在轿车和重型汽车上。

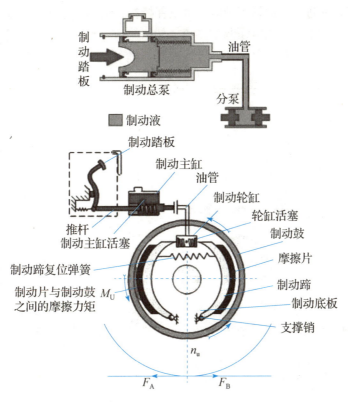

图 8-3-4 液压制动系统的基本工作原理

(三) 汽车 ABS 液压控制系统

汽车 ABS 液压控制系统（简称为 ABS 系统）是保证汽车在任何路面上紧急制动时，自动控制和调节车速的制动力，防止车轮完全抱死，获得最佳制动效果。目前 ABS 系统主要有机械液力式和电子控制式。而液控式 ABS 系统广泛使用了二位二通电磁阀。该系统的制动液压调节装置有循环式和变容积式两类。

ABS 系统的工作过程分为四部分：建压阶段、保压阶段、减压阶段、增压阶段。

（1）建压阶段：制动时，驾驶人踩制动踏板，制动主缸产生制动压力，推开制动液打开进油阀进入车轮制动器中的制动分泵，此时出油阀关闭，ABS 系统没有参与控制，整个过程和常规制动系统相同，但制动压力不断上升，如图 8-3-5（a）所示。

（2）保压阶段：当驾驶人继续踩制动踏板时，油压继续升高至车轮出现抱死趋势时，ABS 系统发出指令，让进油阀通电并关闭，此时出油阀仍保持关闭，系统油压保持不变，如图 8-3-5（b）所示。

（3）减压阶段：若制动压力保持不变，则当车轮有抱死趋势时，ABS 系统将给出油阀通电并将其打开。通过低压储液罐降低系统油压，此时进油阀继续通电并保持关闭状态，有抱死趋势的车轮被释放，车轮轮速开始上升，与此同时，电动液压缸开始起动，将制动液由低压储液罐送至制动主缸，如图 8-3-5（c）所示。

（4）增压阶段：为了使制动最优化，当车轮轮速增加到一定值后，ECU 使出油阀断电，关闭此阀门，而进油阀同样不带电，继续保持打开状态，电动液压泵继续工作，从低压储液罐中吸取制动液并泵入液压制动系统，如图 8-3-5（d）所示。随着制动压力的增加，车轮轮速又降低，这样反复循环地进行控制，将车轮的滑移率始终控制在 20％左右。

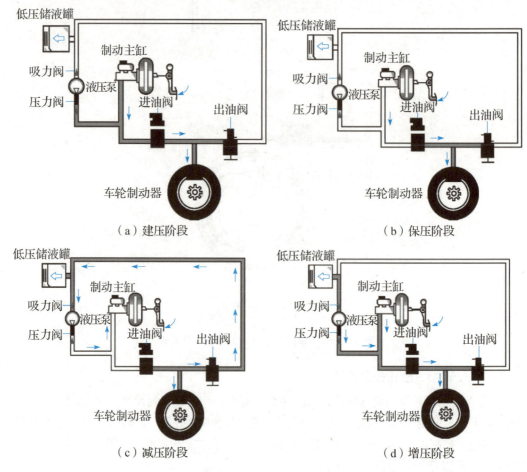

图 8-3-5　ABS 工作过程

二、气压传动在汽车上的应用

（一）汽车气压制动系统

图 8-3-6 所示为气压制动系统示意图。气压制动按制动管路的布置形式可以分为单回路和双回路两种。单回路制动装置安全性差，若有一处破损漏气将导致行车制动失效，已趋于淘汰。目前采用气压制动的汽车绝大部分都用双回路装置。

1. 气压制动系统的结构

气压制动系统主要由供能装置、控制装置、传动装置和制动器四部分组成。

（1）供能装置：供给及调节制动所需能量且改善传动介质状态的各种部件，包括：①空气压缩机和储气筒；②调压阀及安全阀；③空气过滤器、油水分离器、空气干燥器、防冻器等；④多回路压力保护阀。

（2）控制装置：控制制动效果和产生制动动作的各种部件，如制动踏板、制动控制阀等。

（3）传动装置：将压缩空气传送到各轮边制动器的部件，如制动气室。

（4）制动器：产生阻止车辆运动或降低运动趋势的部件，如轮边制动器、制动盘、摩擦片等。

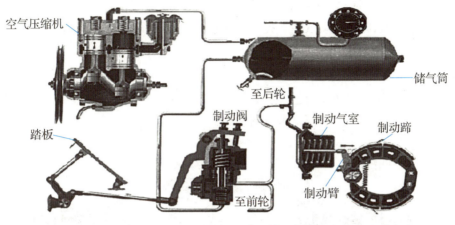

图 8-3-6 气压制动系统示意图

2. 气压制动系统的工作原理

图 8-3-7 所示为汽车双回路气压制动系统示意图。由发动机驱动的空气压缩机 1 将压缩空气经单向阀输入湿储气筒 4，压缩空气在湿储气筒经油水分离，然后清洁干燥的压缩空气又经单向阀 9 分别进入储气筒 8 的前、后腔。其前腔与串列双腔式制动阀 14 的上腔相连，可以向后制动气室充气；其后腔与串列双腔式制动阀 14 的下腔相连，可以向前制动室充气。另外，储气筒两腔都通过管路与气压表 15、前腔和气压调节器相连。

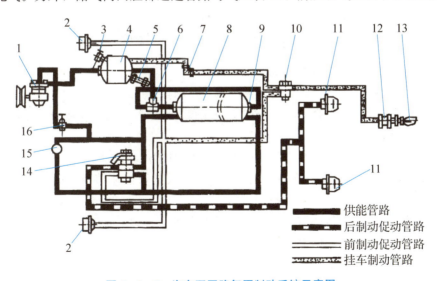

图 8-3-7 汽车双回路气压制动系统示意图

1—空气压缩机；2—前制动气室；3—放气阀；4—湿储气筒；5—安全阀；6—三通管；
7—管接头；8—储气筒；9—单向阀；10—制动阀；11—后制动气室；12—分离开关；
13—连接头；14—串列双腔式制动阀；15—气压表；16—气压调节器

当踩下制动踏板时，通过拉杆机构操纵制动控制阀，使制动控制阀上、下两腔的进气口、出气口分别相通，储气筒前腔的压缩空气通过制动控制阀上腔进入后轮制动气室，使后轮制动；同时，储气筒后腔的压缩空气通过制动控制阀下腔进入前轮制动气室，使前轮制动。与此同时，前制动管路接通挂车的制动控制阀，将由湿储气筒通向挂车的通路切断，挂车同时制动（因挂车采用断气制动）。

当松开制动踏板时，制动气室、挂车制动阀等所存的压缩空气经制动阀排入大气，解除制动。

（二）汽车空气动力悬架系统

图8-3-8所示为空气动力悬架系统示意图。空气悬架的种类有很多，既有只可调软硬无法调高低的，也有软硬、高低都可调整的。

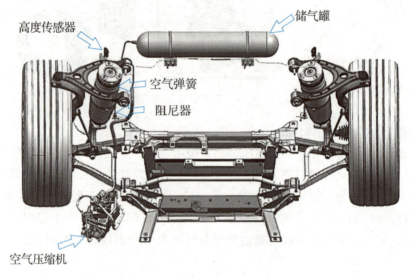

高度传感器　　　　储气罐

空气弹簧

阻尼器

空气压缩机

图8-3-8　空气动力悬架系统示意图

空气动力悬架系统的结构组成如下：

（1）弹性元器件：空气弹簧，起缓冲、减震、承重的作用。

（2）空气供给单元：包括空气压缩机、分配阀、悬置等，通过充放气动态调节空气弹簧伸缩状态。

（3）阻尼器：减震器，配合空气弹簧，缓冲震动提升驾乘平顺感。

（4）控制器ECU：实时控制空气供给单元和减震器，以调节空气弹簧刚度及减震器阻尼力。

（5）传感器：有高度传感器和车身加速度传感器等，随时向ECU传送车辆状态。

（6）储气罐：配合空气压缩机，以备及时响应ECU信号。

（7）其他：空气管路等。

空气动力悬架系统的工作原理：当需要升高车身时，系统发出指令让压缩机起动，并将储气罐里的压缩空气输送到弹簧的空气室里；当需要降低车身时，需要控制排气阀排出空气。车身的实际高度则由每一个车轮上的车身高度传感器来检测和修正。

拓展提升

　　液压传动和气压传动在汽车上的应用除上述例子以外，自动变速器和汽车起重机也采用了液压系统，请查阅资料学习。

🚗 实践出真知

实训任务一

一、实训内容

　　液压千斤顶是一种典型的液压传动设备，请在液压千斤顶上指认液压传动系统四大部分元器件，并学会正确使用液压千斤顶。

二、作业准备

　　1. 液压千斤顶 5 台。

　　2. 按设备数量分 5 组操作。每组设一名组长及一名助手，其余组员观察记录。

　　3. 操作前明确操作方法，不盲目操作；工量具选用正确，不得暴力操作；实施作业过程中要做到 6S。

三、操作步骤

　　1. 准备工位。

　　2. 说说液压千斤顶上的液压传动元器件。

　　3. 使用液压千斤顶。

　　（1）举升：

　　1）顺时针转动千斤顶手柄。

　　2）将千斤顶置于车辆正确的顶升部位下方（如需要将千斤顶上的调整螺杆逆时针旋转直至其接触车辆）。

　　3）将千斤顶手柄插入手柄套管中，上下操动手柄，直至车辆升至理想高度。

　　（2）下降：

　　1）卸下手柄，用手柄松开回油阀（慢慢地逆时针方向转动手柄，松开回油阀）。注意：切勿将回油阀松开超过 2 圈。

　　2）车辆完全放下后，移动千斤顶。如果调整螺杆处于延伸状态，则需顺时针旋转其直至完全脱离车辆。

实训任务二

一、实训内容

　　轮胎拆装机是一种典型的气动设备，请在轮胎拆装机上指认气压传动系统四大部分元器件，并学会操作轮胎拆装机。

二、作业准备

1. 设备工具：诗琴 CHIGUNG 轮胎拆装机。

2. 操作前明确操作方法，不盲目操作；工量具选用正确，不得暴力操作；实施作业过程中要做到 6S。

三、操作步骤

1. 准备工位。

2. 找一找轮胎拆装机上的气压传动元器件（见图 8-3-9）。

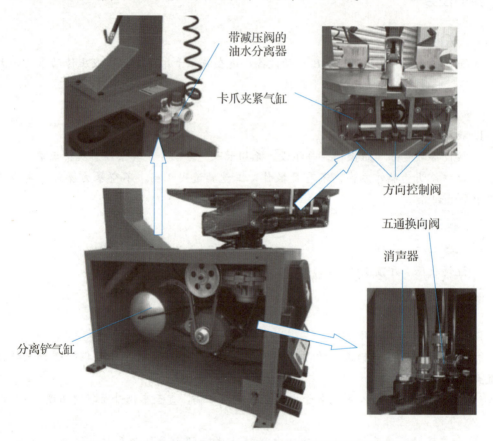

带减压阀的
油水分离器

卡爪夹紧气缸

方向控制阀

五通换向阀

消声器

分离铲气缸

图 8-3-9　诗琴 CHIGUNG 轮胎拆装机气压传动系统部分元器件

3. 了解轮胎拆装机的基本操作按键。

请根据使用方法，勾选正确选项。

（1）当踩下分离铲踏板时，分离铲（□张开□闭合）。

（2）当踩下卡爪控制踏板时，卡爪（□张开□闭合）；当再踩一次卡爪控制踏板时，卡爪（□张开□闭合）。

（3）当踩下工作台转动控制踏板时，工作台（□顺时针□逆时针）旋转；当抬起工作台转动控制踏板时，工作台（□顺时针□逆时针）旋转。

实训任务三

一、实训内容

请在汽车台架上找出汽车液压制动系统及气压制动管路的主要元器件。

二、作业准备

1. 液压、气压制动系统实训台架（不同车型各一）各3台。

2. 按设备数量分6组操作。每组设一名组长及一名助手，其余组员观察记录。

3. 操作前明确操作方法，不盲目操作；工量具选用正确，不得暴力操作；实施作业过程中要做到6S。

三、操作步骤

1. 学生分组观察液压、气压制动系统实训台架结构，找出液压、气压制动系统各部分装置并说出其作用，对照台架试述气压制动系统的工作原理。

2. 各组交换工位进行观察。

3. 师生、学生之间互动，对比不同车型液压、气压制动系统的异同点。

检测评价

请根据表8-3-1完成检测评价。

表8-3-1　检测评价

考评项目	分数	自我评价	小组互评	教师评价	小计
劳动纪律	10				
沟通能力及团队协作精神	10				
活动参与度	10				
设备使用	5				
查找维修资料、文献等取得信息的能力	15				
任务完成情况	40				
6S管理执行力	10				
总分	100				
教师签名：				得分	

本章小结

机械设备的传动方式之一是以流体为工作介质来传递动力，流体传动又可以分为液压传动和气压传动。

液压传动是以液体为工作介质，依靠密封容积的变化来传递运动，通过液体内部的压力来传递动力的一种传动方式。液压传动系统具有体积小、质量轻、操纵控制简便、易实现自动化等特点，被广泛应用于现代汽车的传动系统、制动系统、转向系统、悬架系统中。

气压传动是以压缩空气为工作介质来传递动力和控制信号的系统。气压传动系统空气获取简便，无污染，便于远距离传动，反应快，元器件结构简单，维护简单等，被广泛应用于现代汽车悬架系统、制动系统及各类维修工具中。

✐ 同步练习

一、填空题

1. 液压传动是通过_____来传递动力的。

2. 机械设备的传动方式分别是机械传动、电力传动、_____。

3. 液压传动系统的组成有_____、_____、_____、_____和工作介质五部分。

4. 液压系统是以_____作为向系统通过一定的流量和_____的动力元器件。

5. 气压传动系统控制元器件是指在系统中用来控制和调节压缩空气的_____、_____及_____并保证气动执行元器件或机构正常工作的元器件。

二、选择题

1. 液压缸属于液压传动系统的（   ）元器件。

A. 动力 　　　　 B. 执行 　　　　 C. 控制 　　　　 D. 辅助

2. 以下属于液压传动系统控制元器件的是（   ）。

A. 液压马达 　　 B. 齿轮泵 　　　 C. 单向阀 　　　 D. 油箱

3. 以下属于气压传动系统动力元器件的是（   ）。

A. 储气罐 　　　 B. 减压阀 　　　 C. 气缸 　　　　 D. 空气压缩机

4. 换向阀属于气压传动系统的（   ）元器件。

A. 控制 　　　　 B. 动力 　　　　 C. 辅助 　　　　 D. 执行

三、问答题

1. 气压传动的优点是什么？

2. 请说说气压传动在汽车或者相关维修设备上的应用。

3. 请说出液压传动系统在汽车上的应用有哪些。

参考文献

[1] 何向东，汤洁齐. 汽车机械基础. 2版. 北京：人民交通出版社，2016.

[2] 李春彦，王婧宇，陈玫玫. 汽车材料. 武汉：武汉大学出版社，2014.

[3] 李明杰，朱忠菊，杨娟. 汽车机械基础. 哈尔滨：哈尔滨工业大学出版社，2021.

[4] 张瑾，饶静婷，巩芳. 公差配合与技术测量. 北京：机械工业出版社，2019.

[5] 霍振生. 汽车机械识图. 2版. 北京：高等教育出版社，2015.

[6] 吴必尊. 机械技术基础. 广州：广东高等教育出版社，2005.

[7] 张京辉. 汽车机械基础. 北京：国家开放大学出版社，2017.

[8] 孙杰. 汽车机械基础. 北京：机械工业出版社，2020.

[9] 李世维. 机械基础（机械类）. 2版. 北京：高等教育出版社，2017.

[10] 于光明，孙秀梅，信玉芬. 机械基础. 北京：机械工业出版社，2015.

[11] 孙大俊. 机械基础. 北京：中国劳动社会保障出版社，2007.